Recettes et menus pour la femme enceinte

MENARD Cédric
DIETETICIEN-NUTRITIONNISTE
Diplômes d'Etat français

Merci infiniment d'avoir acheté cet ouvrage

Edition : BoD - Books on Demand
12/14 rond-point des Champs Elysées, 75008 Paris
Imprimé par Books on Demand GmbH, Norderstedt, Allemagne
ISBN : 9782322119639
Dépôt légal : avril 2018

Bonjour et merci infiniment de votre confiance.

Vous avez acheté cet ouvrage afin de vous faire accompagner sur un plan diététique pendant votre grossesse, et sachez que j'ai tout fait, dans l'écriture de celui-ci, pour vous apporter un maximum de confort et de soutien sur le plan diététique, mais également de satisfaction. Lisez et suivez attentivement les conseils de cet ouvrage et vous obtiendrez satisfaction. Je vous conseille de vous procurer également mon ouvrage « **Quelle alimentation pour la femme enceinte ?** » afin d'optimiser fortement vos chances de réussite. Vous êtes importante à mes yeux. J'ai écrit ces ouvrages pour vous aider du mieux de mes capacités. Merci.

Je m'appelle MENARD Cédric, et je suis diététicien-nutritionniste diplômé d'Etat. J'ai effectué une partie de mes études de diététique au sein de l'hôpital psychiatrique de Picauville, ainsi qu'aux services de néphrologie et de gastro-entérologie au C.H.U de Rennes. Une fois diplômé, je me suis installé comme diététicien-nutritionniste en profession libérale en 2008. J'ai profité de mes premiers mois d'installation pour me spécialiser en micronutrition, et fus diplômé du Collège Européen Nutrition Traitement Obésité (CENTO) en 2009.

Attention : cet ouvrage n'est pas adapté à la perte de poids. Il fut élaboré pour vous apporter une réponse diététique adaptée aux femmes enceintes. Cet ouvrage est parfaitement adapté à l'ouvrage de référence du même auteur : « Quelle alimentation pour la femme enceinte ? » Cet ouvrage n'est cependant pas adapté à de quelconques intolérances ou allergies alimentaires : il vous appartiendra donc d'être vigilante dans l'application des menus de proposés, et d'y faire, le cas échéant, une sélection alimentaire appropriée, notamment, par exemple, en cas d'intolérance au lactose.

Mon site Internet : **www.cedricmenarddieteticien.com**
Mon numéro de certification professionnelle **ADELI**, enregistré auprès de la DDASS : 509500435.

Sommaire

L'alimentation des femmes enceintes

La grossesse **peut être divisée en deux phases** :

- **De la 1ère semaine à la 20ème semaine** : mise en réserve et développement maternel par phénomène d'anticipation.
- **De la 21ème semaine à la 40ème semaine** (en temps normal) : développement maternel et surtout fœtal.

La prise de poids totale pour la mère pendant la durée de sa grossesse doit être comprise **idéalement** entre 7 et 12 Kg à terme. La meilleure prise de poids à terme étant d'environ 11 Kg.

Une femme maigre a plus de risque d'avoir un enfant de faible poids, alors qu'une femme forte aura plus de risque de donner naissance à un gros bébé.

Note : les recettes et menus de proposés dans cet ouvrage sont valables quel que soit le stade d'évolution de votre grossesse.

Concernant la constipation

Les femmes enceintes souffrent très fréquemment de constipation. Il est donc important de lutter contre, ou de vous aider à vous en prévenir par des mesures diététiques appropriées, se basant sur :

- Des apports en eau **abondants et importants** avec des choix judicieux au niveau de ces eaux de boissons (Hépar).
- Des apports en fibres alimentaires végétales importants (légumes verts, fruits, céréales complètes...)
- Une activité physique régulière et à votre rythme.
- Un mode de vie sans stress (si possible), durée de sommeil suffisant, repas consommés dans le calme.
- **Ne jamais réprimer le besoin d'aller déféquer** dès que le besoin se fait sentir.
- Il est important de rééduquer le réflexe exonérateur, en se présentant à la selle **chaque jour à heure régulière** (même si vous n'avez pas d'envie de déféquer sur le moment).
- Evitez au maximum la prise de laxatif sous la forme de médicament, même ceux dits de naturel (à base de coco, de rhubarbe...) **Ne les utiliser qu'en dernier recours**.

La constipation est un trouble du transit caractérisé par la difficulté d'obtenir spontanément et régulièrement une évacuation suffisante du côlon. Les selles qui sont émises difficilement sont dures car **pauvres en eau**, et sont de faible volume. Pour **un adulte**, la constipation correspond à l'émission **de moins de trois selles par semaine. La constipation devient chronique dès lors que celle-ci dure depuis plusieurs mois**.

En général, la constipation est très bien supportée. Toutefois, elle peut entraîner des complications plus ou moins graves : digestions difficiles, flatulences, maux de tête, voire au pire des cas : des **fécalomes**.

Concernant les reflux gastro-œsophagiens

Les femmes enceintes souffrent également très fréquemment de ces reflux gastriques. Il s'agit de la remontée dans l'œsophage du contenu gastrique acide, due à une perturbation au niveau du sphincter œsophagien inférieur (**zone de jonction de l'œsophage et de l'estomac**). Les reflux gastro-œsophagiens ne sont pas bénins de par leurs conséquences néfastes sur la santé : parfois anémies ferriprive (carence en fer), fatigue importante, brulures de la paroi de l'œsophage... Le but premier, dans le cas des reflux gastro-œsophagiens, c'est de faciliter au mieux la vidange gastrique. La diététique joue un rôle de **premier ordre** dans le traitement des reflux gastro-œsophagiens. Le but étant de favoriser et surtout d'optimiser la vidange gastrique par le biais d'une alimentation équilibrée et **facile à digérer**.

L'estomac

L'estomac est un segment dilaté du tube digestif ayant une fonction de réservoir d'environ 1200ml, de brassage et de vidange. L'entrée de l'estomac est le cardia et la sortie, le pylore. Le travail de l'estomac débute environ un quart d'heure après la prise alimentaire. De nombreux facteurs favorisent le travail de l'estomac et d'autres le dépriment.

Les facteurs qui freinent la digestion stomacale sont :

- Les particules alimentaires **trop grosses** lors de leur arrivée dans l'estomac.
- Une alimentation trop riche en sucre **et/ou** en matières grasses **et/ou** en sel.

- La consommation de graisses cuites (fritures, viandes cuites dans la matière grasse...)
- Des plats consommés trop chauds ou trop froids. La température idéale étant de 37°C (plats consommés tièdes).
- Des plats trop acides (vinaigre, sauce tomate, tomate...)
- Les repas trop copieux.
- Le stress et les émotions.

Les facteurs qui favorisent la digestion stomacale sont :

- La mastication du repas soigneusement, lentement, longuement. **On prend bien son temps pour manger**.

- Le repas ne doit jamais être ni trop chaud, ni trop froid, mais tiède. **Les préparations seront épaisses et non liquides**.

- Le repas doit être consommé assis, au calme, sans stress. (Au mieux, ne pas regarder la télévision en mangeant, mais écoutez plutôt de la musique par exemple...)

- Les repas seront légers, peu copieux et l'alimentation sera fractionnée dans la journée. **Le goûter sera primordial**.

- Les repas ne seront ni trop gras, ni trop sucrés. Vous veillerez à limiter la consommation d'acide. Pas de boisson gazeuse. On privilégiera une alimentation **normalement salée**.

- On supprimera impérativement **toutes les graisses cuites**.

- Pas de chocolat. Pas de boisson alcoolisée. Le café et le thé seront légers et limités. On évitera de trop boire pendant le repas, ainsi que le soir avant de se coucher. Ne pas se coucher à plat. Ne pas trop serrer sa ceinture. Ne pas se pencher en avant (pour lasser ses chaussures par exemple). Eviter les efforts à la défécation (en ayant une alimentation riche en fibres). Pas de plats **trop épicés**.

PRESENTATION DES FAMILLES ALIMENTAIRES

Les matières grasses

Les matières grasses regroupent les **matières grasses d'origine animale**, qui sont sources d'acides gras saturés, **de cholestérol** et pour certaines de vitamine D, et les **matières grasses d'origine végétale**, qui sont sources d'acides gras insaturés (oméga 3, 6 et 9), de vitamines A, K, D et E. Cependant, **les huiles de palme et de coprah**, (que l'on retrouve désormais pratiquement partout), apportent des acides gras « saturés » qui sont réputés pour être très athérogènes (**qui bouchent les artères**), d'où leur très mauvaise réputation nutritionnelle **bien méritée**. Parmi les matières grasses animales, nous pouvons citer : le beurre (doux et demi-sel) à 82% de matières grasses ou allégé, le saindoux, la graisse de canard, la graisse d'oie... et parmi les matières grasses végétales, nous citerons : les huiles végétales, les pains de végétaline et les margarines végétales (certaines sont salées, d'autres non). Il existe des « matières grasses composées » qui sont constituées par un mélange de graisses animales et de graisses végétales. **La crème fraîche sera étudiée au sein des produits laitiers**. Les matières grasses **végétales** notamment, sont très importantes pour l'équilibre nutritionnel (sauf les huiles de palme et de coprah). Cependant, elles doivent être consommées en **quantités modérées. Environ 12g de beurre doux sont conseillés quotidiennement** (un micropain), mais vous pouvez également consommer de la margarine végétale de qualité (St. Hubert oméga 3 sans huile de palme par exemple), dans les mêmes quantités si vous le désirez.

Concernant votre équilibre alimentaire associé à votre grossesse, la plupart des matières grasses sont importantes pour votre équilibre nutritionnel (sauf les huiles de palme et de coprah). Cependant, elles doivent être consommées en **quantités modérées. Environ 10g à 20g de beurre sont conseillés quotidiennement**. Si vous souffrez d'excès de cholestérol sanguin, vous veillerez à ne pas consommer plus de 10g de beurre par jour, ou bien vous consommerez de la margarine végétale de qualité dans des quantités similaires (St. Hubert oméga 3 sans huile de palme). L'huile végétale joue également un rôle important, si vous souffrez également d'un excès de cholestérol sanguin, l'huile d'olive extra vierge sera privilégiée. Je vous conseille, dans tous les cas, de l'huile d'olive extra vierge pour **certaines cuissons** et de l'huile de noix pour l'assaisonnement. En effet, ces deux huiles végétales combinées dans votre alimentation, sont un excellent compromis au niveau des acides gras polyinsaturés qu'elles vous apportent, et qui sont indispensables pour le développement optimal des tissus nerveux et cérébral de l'enfant en cours de développement.

Concernant les éventuels reflux gastro-œsophagiens, toutes les matières grasses, qu'elles soient d'origine végétale ou animale, **sont les meilleurs éléments nutritionnels déclencheurs de ces reflux gastriques**, surtout si celles-ci sont consommées dans de trop fortes quantités, mais également si celles-ci sont consommées **cuites**. En effet, des repas trop gras ou trop riches en graisses cuites entraînent **un ralentissement très important de la vidange gastrique**, favorisant alors un temps de digestion plus long, ce qui augmente la fréquence d'apparition des reflux gastro-œsophagiens. **Gardez toujours à l'esprit que plus vite votre estomac se vide, et moins les reflux gastriques auront de risques d'apparaître**.

Concernant les problèmes de constipation touchant la plupart des femmes enceintes, les graisses **cuites** jouent un rôle **constipant**, au contraire des matières grasses consommées **crues** qui jouent un rôle légèrement **lubrifiant** du tube digestif, favorisant donc légèrement le transit intestinal.

A savoir : méfiez-vous de l'hypocrisie de très nombreuses margarines végétales (surtout celles à bas prix), qui vous vantent leurs bienfaits nutritionnels sur le cholestérol. La plupart du temps, celles-ci sont riches en huile de palme et/ou en huile de coprah, qui ne fait qu'exacerber le dépôt de cholestérol au niveau des artères, responsable des maladies cardiovasculaires.

1. Le métabolisme a besoin des apports vitaminiques d'un **minimum** de 10g d'huile par jour (une cuillère à soupe). Il ne faut pas en priver votre organisme, cet apport est indispensable. Si possible, évitez de consommer plus de deux cuillères à soupe d'huile végétale par repas (environ).
2. Consommer **environ** 10 à 20g **maximum** de beurre **à 82% de matières grasses** (un à deux micropains de beurre : petites plaquettes de beurre, vendues dans le commerce, de la taille d'un domino chacune, distribuées également dans les hôtels et les restaurants), sont conseillés quotidiennement pour leurs vitamines apportées (A, E et D). Si vous souffrez d'excès de cholestérol sanguin, consommez si possible de la margarine végétale de qualité, à ce titre, je vous conseille « St. Hubert oméga 3 sans huile de palme ».
3. Evitez le beurre demi-sel. Je vous conseille essentiellement le beurre doux. Idem pour les margarines végétales : certaines d'entre elles sont salées, évitez-les si possible.
4. Le beurre d'été, ainsi que la crème fraîche d'été, sont **plus riches** en vitamines que le beurre et la crème fraîche d'hiver.
5. Le beurre bio, la crème fraîche bio... seront **plus riches** en vitamines que les mêmes produits gras issus de l'agriculture non biologique.
6. Il est conseillé **d'alterner de temps en temps**, la consommation des huiles végétales. L'huile de colza est une huile également intéressante. **Ne consommez pas d'huile d'arachide (effet allergisant)**.
7. Vous pouvez couper vos vinaigrettes avec de l'eau (pour moitié), elles seront alors **beaucoup plus digestes**, et le goût sera quasiment le même. (**Méthode très vivement conseillée afin de lutter contre les reflux gastriques**).

8. Il est tout à fait possible de consommer **des beurres allégés ou des margarines végétales allégées en matières grasses**, mais toujours dans des quantités modérées bien entendu. **En effet, dès lors qu'un corps gras est allégé en matières grasses, il est systématiquement mieux digéré par votre estomac, et limite donc l'apparition des reflux gastro-œsophagiens**. Cependant, sachez que la matière grasse allégée sera, dans ce cas, **également allégée en vitamines**.
9. A propos des vinaigrettes, **ne surtout pas trop la vinaigrer** (en effet, l'acidité d'un plat ne fait pas bon ménage avec les reflux gastrique). Le vinaigre de cidre de pomme sera cependant le plus encouragé à la consommation.
10. Je vous **déconseille** de consommer des margarines végétales au profit du beurre **notamment si vous ne souffrez pas d'excès de cholestérol sanguin**. En effet, elles possèdent de l'huile de palme et pour certaines de l'huile de coprah, **qui favorisent les artères bouchées** (C'est la raison pour laquelle je vous conseille « St. Hubert oméga 3 sans huile de palme », car à l'heure ou ses lignes sont écrites, cette margarine végétale en est la moins riche de toutes).
11. **Ne cuisinez pas** dans le beurre (ni doux, ni demi-sel) ou dans la margarine végétale. Privilégiez plutôt la cuisson dans l'huile d'olive extra vierge (mais pas pour les aliments carnés), au mieux **uniquement pour les légumes verts**.
12. **Ne faites pas cuire votre beurre**. Consommez-le **toujours cru** (surtout si vous souffrez d'excès de cholestérol sanguin associé à votre grossesse).
13. Evitez de consommer du saindoux, de la graisse d'oie ou de la graisse de canard, car ces graisses animales sont très riches en cholestérol et en acides gras saturés (protégez vos artères !)
14. L'huile d'olive extra vierge consommée crue ou cuite, cela ne pose aucun problème.
15. Concernant les frites, il existe des frites surgelées à cuire au four, ou encore dans la machine qui n'utilise qu'une cuillère à soupe d'huile... faites-vous plaisir sans risque d'inconfort digestif ! En effet, souvenez-vous que les fritures favorisent très fortement les reflux gastro-œsophagiens !
16. La mayonnaise de la veille ne sera surtout pas consommée : **elle sera impérativement jetée à la poubelle** !

17. La mayonnaise, au regard de la quantité importante d'huile végétale qui la compose, peut être considérée comme un produit gras. Il est profitable, notamment si vous souffrez d'excès de cholestérol sanguin associé à votre grossesse, d'en consommer modérément, et surtout, de la confectionner **avec de l'huile d'olive extra vierge**. Ainsi, vous profitez des vertus nutritionnelles de l'huile d'olive, tout en consommant votre mayonnaise. **A noter également que la consommation de mayonnaise favorise fortement les reflux gastro-œsophagiens**.
18. Pour celles qui souffrent d'excès de cholestérol, ou qui souhaitent faire attention à leurs apports alimentaires en cholestérol, il vous faut savoir que le cholestérol alimentaire **est uniquement apporté par les matières grasses animales** (beurre, crème fraîche, saindoux, gras des viandes...), et non pas par les matières grasses végétales (huiles végétales, margarines végétales...) qui en sont **dépourvues**.
19. Les matières grasses composées sont des composés gras qui ne peuvent être ni dénommés comme beurre, ni comme margarine végétale. Elles peuvent être issues d'un mélange de matières grasses laitières avec des matières grasses végétales. Les remarques nutritionnelles à leur sujet sont identiques à celles concernant le beurre ou la margarine végétale.
20. Attention aux fritures qui favorisent très fortement les reflux gastro-œsophagiens : frites (cuites dans l'huile végétale), beignet, nem, samoussa...
21. **Ne surtout pas** associer des matières grasses avec un aliment riche en sucre, comme par exemple, du beurre avec de la confiture (sur du pain par exemple...)
22. Restez toujours vigilante face à l'huile de palme et à tous les produits alimentaires qui en contiennent. **Privilégiez toujours les aliments qui indiquent sur leur emballage « sans huile de palme »**.
23. Mettre un peu de beurre cru (ou huile ou margarine) à fondre sur des pâtes (ou autres...) ne posera pas de problème (**le beurre ne cuit pas, mais il fond**), à la condition que la quantité de matières grasses soit **très modérée**.

Quelques recettes de vinaigrettes

Vinaigrette allégée : une part d'huile végétale, un quart de part de vinaigre de cidre, arôme saveur (du genre Viandox), et la moitié du volume total en eau, sel, poivre.

Vinaigrette sauce yaourt : un yaourt nature, fines herbes au choix, une cuillère à café de vinaigre de cidre, sel et poivre.

Vinaigrette sauce fromage blanc : fromage blanc nature, fines herbes au choix, vinaigre de cidre, sel et poivre.

Vinaigrette sauce fromage blanc à la moutarde : fromage blanc nature, fines herbes au choix, vinaigre de cidre, une cuillère à café de moutarde, sel et poivre.

Vinaigrette sauce citron : une part d'huile végétale, un quart de part de vinaigre de cidre, un quart de jus de citron, une petite cuillère à café de moutarde, ciboulette, et la moitié du volume total en eau, sel, poivre.

Vinaigrette Milanaise : une part d'huile d'olive extra vierge, une part d'eau, un quart de part de vinaigre balsamique, une demi-part de moutarde, sel et poivre.

Mayonnaise légère : battre un jaune d'œuf avec un petit-suisse, ajoutez une cuillère à café de moutarde, jus de citron, sel et poivre.

Vous pouvez **alléger** les recettes en utilisant des produits laitiers maigres : fromage blanc, petits suisses ou yaourt **maigres**.

Les viandes, poissons, œufs...

Les viandes, poissons, œufs et leurs assimilés (charcuteries, mollusques, coquillages, plats confectionnés « maison » à base de viande(s), et/ou de poisson(s), et/ou d'œufs tels les quiches, les pains de poissons, le hachis...) appartiennent au groupe des apports majoritaires en **protéines animales**. Ce groupe alimentaire apporte **notamment** également du fer, du zinc et de la vitamine B12, voire pour certains abats de la vitamine B9... ainsi que des acides gras saturés et du cholestérol. Les poissons sont également riches en oméga 3 (surtout les poissons gras), ces oméga sont très importants dans votre équilibre nutritionnel ainsi que pour le développement du fœtus et de l'enfant.

Concernant votre équilibre alimentaire associé à votre grossesse, au regard des risques élevés d'anémie ferriprive (carence en fer) que la femme enceinte encours, il est important, pour ne pas dire fondamental, que vous consommiez **environ** 100 à 120g de viande, poisson, œufs ou assimilé* à chaque déjeuner **et** à chaque dîner. En effet, les viandes, les poissons, les œufs et leurs assimilés* sont **très importants** dans l'alimentation de la femme enceinte, pour **leurs apports essentiels** en **protéines animales** de grande valeur biologique, mais également pour leurs apports **en fer**, **non pas par la quantité de leurs apports en fer**, mais **par la qualité de leur fer**, qui est représenté par du **fer héminique**. Cette forme d'apport alimentaire du fer (d'origine animale) est très bien assimilée par votre intestin. Les meilleures sources alimentaires en fer au sein de ce groupe sont, par ordre d'intérêt **décroissant** : les crustacés, les coquillages (consommation **crue interdite**), les abats, suivis par les viandes, **la plupart** des charcuteries (**la majorité étant interdite**), les poissons et enfin les œufs. Ce groupe alimentaire est, avec les produits laitiers d'origine animale, les meilleures sources alimentaires en vitamine B12. **Vous favoriserez notamment la consommation des aliments les plus riches en fer**.

Concernant les éventuels reflux gastro-œsophagiens, les aliments de ce groupe représentent des apports non négligeables en matières grasses pour la plupart d'entre eux, surtout les charcuteries grasses. Les poissons seront **beaucoup plus intéressants** sur le plan nutritionnel que les viandes, notamment les poissons « maigres ». De nombreux facteurs rentrent en ligne de compte : la consommation de leur gras, le mode de cuisson, la quantité de consommée... Quoi qu'il en soit, cet apport alimentaire est important, mais se fera sans excès. A noter que les reflux gastro-œsophagiens peuvent également favoriser l'anémie ferriprive.

Concernant les problèmes de constipation touchant la plupart des femmes enceintes, ne comptez pas sur les aliments de ce groupe alimentaire pour vous aider à éradiquer (ou à prévenir) cette dernière. Tout au plus leur rôle sera neutre, au pire des cas, ils la favoriseront ! Le plus important résidera dans une non consommation **excessive** de ceux-ci, une cuisson au mieux **sans graisse cuite** (grill, court bouillon, papillote, rôti, four micro-ondes...) et enfin vous ne consommerez pas les plus gras d'entre eux, notamment **les charcuteries grasses** (pâtés, saucissons, rillettes...)

☝ **A savoir** : une carence en fer chez la femme enceinte (l'anémie ferriprive ou martiale), entraîne un mauvais développement de l'enfant et augmente les risques de naissance prématurée. Les viandes, poissons, crustacés, mollusques, coquillages, œufs et leurs assimilés **sont également les plus importantes sources alimentaires** en vitamine B12. Cette vitamine B12 est **fondamentale** chez la femme enceinte pour assurer le bon déroulement de la grossesse jusqu'au terme. La **carence alimentaire** en cette vitamine peut entraîner une fausse couche, un coma et des dommages neurologiques chez l'enfant. **Les femmes végétariennes ou végétariennes courent le risque d'être carencée en cette vitamine B12**.

1. Souvenez-vous que ce groupe alimentaire représenté par les viandes, poissons, œufs et leurs assimilés*, est très important pour la femme enceinte, notamment grâce à leurs apports alimentaires en **protéines animales**, en **fer héminique** et en **vitamine B12**.
2. Si vous êtes végétarienne et/ou végétalienne, je vous conseille **très vivement** de consulter un diététicien libéral, pour un suivi diététique adapté pendant votre grossesse (**cet ouvrage n'est pas, dans ce cas adapté à votre grossesse**).
3. Consommez très régulièrement du poisson, **si possible deux à trois fois par semaine**, et alternez entre les poissons gras et les poissons maigres.
4. Les **poissons gras** sont : sardine, hareng, saumon, truite, thon, perche, anguille, anchois, maquereau, congre et espadon.
5. Les poissons gras **sont très intéressants** chez la femme enceinte pour **leurs forts apports** alimentaires en acides gras polyinsaturés, **qui sont très importants** dans le développement du tissu nerveux et cérébral de l'enfant en cours de développement. Attention cependant, car ceux-ci peuvent **fortement** encourager les reflux gastro-œsophagiens chez certaines d'entre vous.
6. **Ne consommez pas** de poisson fumé, **ni aucun produit de la mer cru** : pas de sushi, pas d'huître crue, pas de carpaccio... En effet, les produits de la mer peuvent transmettre la listériose pouvant entraîner de graves conséquences sur le fœtus. **La bactérie qui transmet cette maladie est détruite par la cuisson des aliments**.
7. Ne consommez que des poissons, crustacés, mollusques certes **bien cuits**, mais également **bien frais et bien conservés au réfrigérateur**, dans l'emplacement le plus froid de celui-ci.
8. Les coquillages sont consommables s'ils sont bien ouverts après cuisson. Ne pas consommer des coquillages qui ne se sont pas ouverts à la cuisson, ni ceux dont la coquille est cassée. Ne pas consommer des coquillages déjà ouverts **avant de les avoir cuits**.
9. Les poissons seront cuits au court bouillon, à la vapeur, grillés, cuits au four, au four micro-ondes, en papillote.
10. Au mieux, consommez le poisson au dîner, et consommez la viande plutôt au cours du déjeuner.

11. Les praires, les bigorneaux et les palourdes sont des sources alimentaires **très riches en fer et en vitamine B12**, cependant leur consommation **crue** est **interdite** chez la femme enceinte, à consommer toujours **cuit**.
12. **TRES IMPORTANT** : citronnez légèrement vos poissons avant leur consommation. En effet, la vitamine C apportée par le jus de citron favorisera l'absorption du fer apporté par ces poissons de consommés. Cependant, l'acidité du jus de citron peut, chez certaine d'entre vous, ne pas être toléré, car son acidité **favorise les reflux gastro-œsophagiens** !
13. **Ne consommez pas** de surimi.
14. Le poisson pané ne posera pas de problème, **si celui-ci est cuit au four** (pas de cuisson en friture).
15. Que les viandes ou les poissons soient surgelés, cela n'a pas d'incidence.
16. Congeler vos viandes plusieurs jours à -18°C sera un plus pour votre sécurité alimentaire et pour celle de votre enfant, en effet, cette température détruit les éventuels parasites présents au sein de la viande (notamment les toxoplasmes).
17. Beaucoup pensent que consommer de la viande rouge crue ou saignante leur apportera plus de fer, que de consommer cette même viande bien cuite ou à point : c'est faux, les apports en fer seront les mêmes quelle que soit la cuisson. De plus, une femme enceinte **ne doit jamais consommer** de la viande crue, ni saignante : **celle-ci doit toujours être bien cuite**.
18. Evitez au maximum la consommation des charcuteries **grasses et/ou transformées par l'industrie ou le traiteur** (pâtés, saucissons...) en effet, celles-ci sont riches en sels (chlorure de sodium et sels nitrités), en acides gras saturés et en cholestérol. Elles sont également peu digestes et favorisent les reflux gastro-œsophagiens.
19. **Quelques charcuteries peu grasses** seront consommables sans problème : jambon blanc sans couenne, bacon, jambonneau, tripes...
20. Les abats (rognon, foie...) sont **intéressants pour leurs apports alimentaires en fer mais également en vitamine B9**. Cependant, le foie ne sera pas consommé plus d'une fois par semaine à cause de sa forte teneur en vitamine A, dont **l'excès alimentaire** est dangereux pour le fœtus.

21. Les viandes de veau et de porc sont moins riches en fer que les viandes de bœuf et de cheval.
22. À l'exception du magret de canard, les volailles ne représentent pas des viandes intéressantes pour leurs apports alimentaires en fer.
23. Ne consommez pas la peau des volailles, même si celle-ci est bien grillée.
24. A l'exception de la viande de canard, les volailles ne sont pas des apports élevés en matières grasses (sauf la peau). La dinde en est la moins riche de toutes.
25. Les viandes en sauce (les ragoûts, les braisés par exemple), ne seront pas consommées avec leur sauce, car ce mode de cuisson (**graisses cuites**) favorise les reflux gastro-œsophagiens.
26. **Très important** : cuisinez le plus souvent possible vos viandes **au grill** (grill électrique, plancha, cheminée, poêle antiadhésive avec feuille de cuisson...) ou rôties. Ainsi, une partie des matières grasses se retrouvera éliminée pendant la cuisson (surtout si cuisson au grill), se qui rendra vos viandes **beaucoup plus digestes**, et donc vous épargnera d'éventuels reflux gastro-œsophagiens.
27. Les cuissons en braisé seront plus digestes que les ragoûts. Cependant, les morceaux de viande seront dégraissés au préalable, et de l'huile d'olive extra vierge sera utilisée dans la préparation **avec parcimonie**. Attention, il s'agit également de plats à base de **graisses cuites** !
28. **Ne consommez pas** de gibier faisandé.
29. **Ne surtout pas consommez le gras de vos viandes**.
30. A partir du moment où vos viandes seront grillées ou rôties, il n'y aura pas de choix particulier à faire à leur niveau. **Evidemment, soyons logiques** : de la poitrine de porc, même grillée, sera toujours trop grasse ! Elle sera donc à éviter, quel que soit son mode de cuisson...
31. Les lardons seront consommés **après avoir été dégraissés** : jetez les lardons dans une poêle bien chaude, laissez-les fondre, puis éliminez les matières grasses fondues en ne gardant que les lardons dégraissés.
32. Le steak haché sera, si possible, consommé à 5% de matières grasses (et non pas à 15%), et il sera consommé grillé.

33. Les œufs **ne représentent pas** des aliments très importants sur le plan nutritionnel pour leurs apports en fer. Cependant ceux-ci sont conseillés aux femmes enceintes car le jaune d'œuf participe activement au développement du système nerveux central de l'enfant.
34. Les femmes enceintes qui souffrent d'excès de cholestérol sanguin ne consommeront pas plus de trois œufs par semaine.
35. Mode de cuisson des œufs **extra frais** : au « plat », en omelette, brouillés, ou durs... Je vous **déconseille** de les consommer « coques » et de **ne jamais** les consommer crus.
36. Ne consommez pas d'œuf de canne.
37. Vous pouvez consommer vos œufs aussi bien au déjeuner qu'au dîner.
38. Privilégiez la consommation d'œufs de poules élevées en plein air, issus au mieux de l'**élevage bio**.
39. Toutes les préparations à base d'œuf cru devront être rigoureusement hygiénique : pas d'œuf fêlé, cassé ou sale. **Ne consommez que** des œufs extra frais. Toujours bien se laver les mains après la manipulation des œufs.
40. Tous vos aliments (viandes, poissons, crustacés...) qu'ils soient crus ou cuits, doivent toujours être entreposés au réfrigérateur, avec un film plastique alimentaire les recouvrant. La chaîne du froid ne doit être rompue que par durées très brèves. **Les aliments crus et cuits ne doivent jamais être en contact**.
41. Lavez-vous les mains **après chaque manipulation** de viande, œuf cru, poisson ou crustacé cru.
42. Favorisez autant que possible les aliments carnés les plus riches en fer et/ou en vitamine B12 (voir les tableaux qui se succèdent à partir de la page suivante).

N'oubliez pas : le mode de cuisson de vos viandes ou de vos poissons sera au mieux sans matière grasse (**sans graisse cuite**) : rôti, grillé, papillote, vapeur... Vous consommerez également vos viandes **sans leur gras**. Les poissons gras sont également vivement conseillés, mais attention aux risques de reflux gastriques ! Le meilleur mode de cuisson sans matière grasse sera le **grill électrique**.

Composition nutritionnelle de quelques poissons et produits de la mer

Légende : trois étoiles ★★★ signifient « **A privilégier : apports très importants** ». Deux étoiles ★★ signifient « **apports élevés** ». Une étoile ★ signifie « **apports faibles** ». L'étoile vide ☆ signifie « **Apports très faibles à nuls** ». « 💣 » signifie : « vigilance accrue : risques sanitaires et/ou de reflux gastriques ». « + » signifie le plus riche. « - » signifie le moins riche.

Poissons et produits de la mer.	**Apports en fer.** (Ordonnés du plus riche +, vers le plus pauvre apport -).	**Apports en vitamine B12.** (Non ordonnés).	**Apports en vitamine C.** (Non ordonnés).
Praire, palourde. 💣	★★★ +	★★★ +	☆
Bigorneau. 💣	★★★	★★★	☆
Moule. 💣	★	★★★	☆
Anchois. 💣	★	★	☆
Huître. 💣	★	★★★	★ +
Bar commun.	★	★★★	☆
Crevette.	★	★★★	☆
Sardine. 💣	★	★★★	☆
Hareng. 💣	★	★★★	☆
Crabe.	★	☆ -	☆
Maquereau💣	★	★★★	★
Thon. 💣	★	★★★	☆
Bulot. 💣	★	★★★	☆
Raie.	★	★★★	☆
Poisson pané.	★	★★	☆
Dorade grise.	★	★★★	☆
Saumon. 💣	★	★★★	☆
Limande.	★ -	★★	☆

Source : « Table de composition nutritionnelle des aliments CIQUAL » 2013. (Résultats **adaptés**, afin de vous faciliter la compréhension des données).

Composition nutritionnelle de quelques viandes et de l'œuf

Légende : trois étoiles ★★★ signifient « **A privilégier : apports très importants** ». Deux étoiles ★★ signifient « **apports élevés** ». Une étoile ★ signifie « **apports faibles** ». L'étoile vide ☆ signifie « **Apports très faibles à nuls** ». « 💣 » signifie : « vigilance accrue : risques sanitaires et/ou de reflux gastriques ». « + » signifie le plus riche. « - » signifie le moins riche.

Viandes et œuf.	**Apports en fer.** (Ordonnés du plus riche +, vers le plus pauvre apport -).	**Apports en vitamine B12.** (Non ordonnés).	**Apports en vitamine C.** (Non ordonnés).
Rognon d'agneau.	★★★ +	★★★ +	★
Foie d'agneau. 💣	★★	★★★	★
Rognon de porc.	★★	★★★	★
Foie de veau. 💣	★★	★★★	★ +
Cœur de bœuf.	★	★★★	★
Magret de canard.	★	★★★	★
Bœuf.	★	★★★	★
Canard.	★	★★★	☆
Cheval.	★	★★★	★
Lapin.	★	★★	☆
Œuf **entier**.	★	★	☆
Agneau.	★	★★	★
Veau.	★	★★	★
Poulet.	★	★	★
Porc.	★	★	★
Dinde.	★ -	★ -	☆

Source : « Table de composition nutritionnelle des aliments CIQUAL » 2013. (Résultats **adaptés**, afin de vous faciliter la compréhension des données).

Quelques idées de recettes...

Les viandes de consommées seront si possible maigres : veau, bœuf maigre, escalope de poulet ou de dinde, cuisse de dinde ou de poulet, jambon blanc maigre, côte de porc, filet mignon...

Les poissons de consommés seront gras et maigres, en privilégiant les poissons gras. Cependant, si vous souffrez de reflux gastro-œsophagiens vous éviterez les poissons gras.

Les œufs extra frais sont consommables à la coque, mollets, durs, cocottes, pochés, au plat, en omelette ou brouillés...

Les modes de cuisson à favoriser sont les suivants : grillade, dans une poêle antiadhésive sans matière grasse, rôti, papillote, à la vapeur, à l'eau, en braisé ou en sauté dans une cocotte (mais en respectant certaines règles nutritionnelles que je vous proposerai ultérieurement).

➢ ***Sur le grill** :* ne pas huiler la viande, le poisson ou le grill ! Utilisez le grill très chaud, ainsi il n'y aura pas adhérence entre la grille et l'aliment. Ce mode de cuisson est très vivement conseillé car ainsi les graisses de constitution fondent et l'aliment devient alors beaucoup plus digeste !

➢ ***Dans une poêle antiadhésive** :* ne pas huiler la pièce à cuire et ne pas huiler non plus la poêle. Utilisez la poêle très chaude, pour cela vaporisez un peu d'eau dans la poêle, dès que l'eau s'est évaporée, la poêle est assez chaude. En général, cuisinez ensuite votre viande dans la poêle mais à feu moyen afin d'éviter la carbonisation de l'aliment qui est en train de cuire.

➢ ***En papillote** :* enveloppez dans du papier aluminium des petites pièces de viande ou de poisson en aromatisant : fines herbes, ail, thym, feuilles de laurier sauce, citronnelle, sel, poivre, quelques épices diverses si tolérées... puis fermez la papillote très hermétiquement. Cuisson au four ou à la vapeur.

➢ ***Dans le four :*** grill, brochette ou rôti à réserver aux pièces les plus grosses. Afin d'éviter le desséchement des pièces à cuire il est possible d'adjoindre un bol d'eau dans le four pour y maintenir une atmosphère plus humide.

➢ ***A la vapeur :*** dans le panier de l'autocuiseur, dans le couscoussier ou encore entre deux assiettes au-dessus d'une casserole. Les pièces peuvent être accompagnées de légumes et d'aromates qui vont donner du goût, mais également l'eau qui pourra être enrichie très avantageusement de nombreux aromates : thym, feuilles de laurier sauce, romarin, citronnelle... le liquide bouillant doit toujours se situer au niveau inférieur de la passoire ou du panier contenant les aliments à cuire.

➢ ***A l'eau :*** commencez par préparer un court bouillon très parfumé : dans de l'eau froide et salée, incorporez des carottes coupées en fines rondelles, ail, oignon en rondelles, deux clous de girofle, poivre en grains, thym, deux feuilles de laurier sauce, romarin, persil, blancs de poireaux... puis laissez cuire à feu moyen pendant 45 minutes dès ébullition. Ensuite, laissez refroidir le court bouillon en le passant au chinois (il ne vous reste donc plus que le bouillon parfumé). Ensuite les pièces à cuire au court bouillon seront incorporées au court bouillon tiède ou froid et la cuisson débutera à feu moyen. Idéal pour la cuisson des poissons maigres, blanquette de veau diététique, etc.

➢ ***Dans une cocotte :*** soit la cocotte a un revêtement antiadhésif, soit la cocotte est à fond épais. Un peu d'huile végétale peu être utilisée mais avec parcimonie, n'oubliez pas qu'il s'agit dans ce cas de graisses cuites qui favorisent fortement les reflux gastro-œsophagiens ! Au mieux, si la quantité de matières grasses utilisée est faible ou inexistante, faites sauter vos viandes dans la cocotte bien chaude mais pas à feu vif, tout en remuant sans cesse les morceaux de viande à l'aide d'une spatule en bois.

➢ ***Au four à micro-ondes** :* possibilité de faire des papillotes mais uniquement avec du papier cuisson sulfurisé. Le problème de ce mode cuisson c'est que la cuisson est rapide et que les aliments n'ont pas le temps de s'imprégner du goût des aromates.

➢ ***La cuisson en braisé** :* il s'agit d'un mode de cuisson très intéressant pour les viandes de troisième catégorie, c'est-à-dire les viandes nécessitant une longue cuisson... La méthode est très simple à mettre en pratique et en plus, si votre viande est bien parée, le plat obtenu est peu gras, il est donc très bien indiqué si vous souffrez de reflux gastro-œsophagiens, voici la méthode à mettre en œuvre :

1- Dans une cocotte (au mieux en fonte émaillée) avec couvercle indispensable, bien chaude, faire rissoler les morceaux de viande découpés en quartiers de taille moyenne dans un peu d'huile végétale à feu moyen à vif.

2- Une fois les morceaux de viande bien rissolés, les réserver dans un plat à part.

3- Dans la cocotte, faire revenir ensuite des oignons coupés en dés ou en lamelles ainsi que des carottes préalablement parées, lavées et découpées en rondelles, les faire rissoler ensemble à feu moyen jusqu'à la caramélisation des oignons.

4- Réintégrer les morceaux de viande dans la cocotte avec les oignons caramélisés et les carottes, introduire le bouquet garni, sel, poivre, et mouiller avec de l'eau tiède, ou mieux avec du bouillon de viandes ou de légumes, avec possibilité également de le faire avec pour moitié de vin rouge... Si vous n'avez pas de bouillon de viandes de disponible, introduisez deux cubes de bouillon déshydraté dans un bol d'eau chaude et faites dissoudre les cubes au fouet... (attention dans ce cas à modérer vos apports en sel, car les cubes sont très salés). Le liquide de mouillement ne doit pas dépasser la hauteur de la viande, au mieux le liquide de mouillement doit atteindre les 2/3 du niveau de la viande.

5- Bien tout mélanger à feu vif en décollant les sucs au fond de la cocotte avec une spatule en bois, si vin rouge ajouté, laisser bouillir à feu vif et **à découvert** pendant 10 minutes, **car ainsi l'alcool s'évaporera du plat** et il n'en subsistera que les arômes.

6- Laisser cuire à feu doux pendant au moins deux heures, voire trois heures et toujours à couvert. Possibilité de mettre de l'eau dans la rigole du couvercle, ce qui accentuera le cycle d'arrosage de cuisson au sein de la cocotte. A noter que plus la cuisson est longue (proche des 3 heures et plus), et plus la viande sera tendre. De temps en temps, venir contrôler que la viande ne colle pas dans le fond de la cocotte.

7- Possibilité en fin de cuisson de réduire la sauce de braisage obtenue : à feu moyen, couvercle retiré, laisser cuire en remuant sans cesse : l'eau de constitution s'évapore et le liquide de mouillement se concentre ainsi en arômes.

- ***Les ragoûts*** *:* il s'agit de cuire des viandes ou des poissons dans des roux à base de farine de blé, de fécule de pommes de terre, de Maïzena... Ce plat est riche en graisses cuites et il est peu digeste, au regard notamment d'éventuels reflux gastro-œsophagiens, je vous déconseille fortement ce mode de cuisson.

- ***Le bouquet garni*** *:* faire un bouquet avec des branches de thym frais, une branche de laurier sauce (accompagnée de quelques feuilles), une ou deux branches de romarin, du blanc de poireau et ficeler solidement le tout avec de la ficelle de cuisine.

Conseils culinaires indispensables

- Privilégiez les **poissons maigres** aux poissons gras au cours de l'élaboration de vos recettes **si vous souffrez de reflux gastro-œsophagiens.** Dans le cas contraire, ce sont les poissons gras qui seront à privilégier dans vos recettes et menus.
- Les œufs seront toujours **extra frais** et d'une apparence extérieure et intérieure sans défaut ni odeur suspecte.
- **Limitez** l'utilisation des matières grasses autant que possible.
- Utilisez de la farine de blé **complet** qui est riche en fibres.
- **Attention** : si vous souffrez de constipation, diminuez les quantités de **carottes** de proposées dans les recettes.
- Si des produits laitiers sont utilisés dans vos plats, privilégiez ceux qui sont **allégés en matières grasses** : lait écrémé ou demi-écrémé, fromage blanc maigre, fromage affiné allégé en matières grasses, crème fraîche allégée en matières grasses... Ils seront **tous** stérilisés **UHT**, ou au moins **pasteurisés**.
- L'alcool est utilisable dans vos plats (vin blanc, vin rouge...) à la condition qu'il y ait **ébullition à découvert pendant au moins 10 minutes** (en effet l'alcool s'évapore dès 72°C).
- **Ne pas trop saler** vos plats.
- Ne consommez pas vos plats trop froids ni trop chauds.
- L'incorporation de graines de sésame **pilées** et/ou de graines de lin **pilées** et/ou de levure de bière en paillettes (sans cuisson) sera très bénéfique sur le plan nutritionnel.

En respectant ces quelques conseils diététiques au sein de vos pratiques culinaires concernant ce groupe des viandes, poissons et des œufs, vous apprendrez très rapidement à cuisiner ceux-ci d'une manière plus diététique, et donc, d'une manière plus adaptée à votre grossesse. Ainsi, il vous sera aisé, après un tout petit peu de pratique, de modifier de vous-même les recettes traditionnelles de façon à les adapter à votre grossesse.

Cet ouvrage étant à vocation diététique, aucune des recettes proposées ne sont à base de beurre ni de sucre.

Bœuf ficelle

🕔 ***Temps total à prévoir*** : environ 2 heures 30 minutes.

Ingrédients (pour 4 personnes) :

- 500g de bœuf maigre (ou autre viande à cuisson longue).
- 400g de carottes💣.
- 1 oignon.
- Bouquet garni (voir la page N°30).
- Sel, poivre, 4 clous de girofle.
- Eau.

Technique culinaire :

- Réaliser le court bouillon : dans de l'eau froide salée et poivrée, intégrer les carottes parées💣 et lavées puis coupées en rondelles, le bouquet garni et l'oignon piqué des quatre clous de girofle. Laisser cuire le court bouillon 45 minutes dès ébullition.
- Une fois le court bouillon cuit, le passer au chinois et attendre qu'il tiédisse.
- Parer la viande et la recouvrir du court bouillon.
- Cuire la viande dans une marmite sous pression. Attention à ne pas la remplir de plus de ses 2/3. La cuisson durera 10 minutes par livre de viande (à partir du moment où la soupape de pression se met à tourner en sifflant !)
- Trancher, dresser et bon appétit !

Alternativement : vous pouvez remplacer la viande par du poisson, mais le temps de cuisson sera très réduit. Dans le meilleur des cas ne pas cuire le poisson sous pression.

Blanquette diététique

⏲ ***Temps total à prévoir*** : environ 2 heures.

Ingrédients (pour 4 personnes) :

- 500g de veau (longe, épaule...), ou du blanc de dinde ou cuisse de poulet sans peau.
- 400g de carottes💣.
- 1 oignon.
- Farine de blé **complet**.
- Bouquet garni (voir la page N°30).
- Sel, poivre, noix de muscade râpée, quatre clous de girofle.
- Eau.

Technique culinaire :

- Réaliser le court bouillon : dans de l'eau froide salée et poivrée, intégrer les carottes coupées en rondelles, le bouquet garni et l'oignon piqué des quatre clous de girofle. Laisser cuire le court bouillon 45 minutes dès ébullition.
- Une fois le court bouillon cuit, le passer au chinois et attendre qu'il tiédisse.
- Incorporer les morceaux de viande au court bouillon tiède (ou froid) et faire monter en température.
- Maintenir à l'ébullition pendant cinq minutes.
- Cuire à la marmite sous pression trente minutes.
- Passer le bouillon au chinois, égoutter la viande.
- Lier à la farine de blé complet le bouillon à hauteur de 4 grammes de farine pour 100 ml de bouillon, sel, poivre et noix de muscade râpée.
- Dresser la viande nappée de sa sauce et bon appétit !

Bœuf mode

(Braisé)

🕛 ***Temps total à prévoir*** : environ 2 heures 30 minutes.

Ingrédients (pour 4 personnes) :

- 500g de noix ou de gite de bœuf (ou autre viande à cuisson longue).
- 800g de carottes💣.
- 400g de poireaux.
- 60ml de vin blanc sec.
- Bouquet garni (voir la page N°30).
- Sel, poivre.

Technique culinaire :

- Faire rissoler les pièces de viande dans une marmite en fonte bien chaude à feu moyen, sans matière grasse, puis la réserver.
- Faire suer les poireaux lavés et tranchés et les carottes épluchées, lavées et coupées en rondelles à feu moyen.
- Mouiller le fond de braisage avec de l'eau tiède, ajouter le bouquet garni, et avec une spatule en bois décoller les sucs du fond de la marmite à feu fort.
- Ajouter le vin blanc sec et laisser bouillir 10 minutes **sans couvrir** (**ainsi l'alcool s'évapore**).
- Ajouter la viande. Saler, poivrer et laisser cuire à feu doux et à couvert pendant au moins 3 heures. Le liquide ne doit pas dépasser le niveau de la viande, au mieux le liquide de cuisson recouvrira environ la moitié de la hauteur de la viande.
- Après cuisson, possibilité de réduire le liquide de cuisson : laisser bouillir le bouillon à feu moyen sans couvercle. Ainsi vous obtiendrez une sauce épaisse très aromatisée.
- Dresser et bon appétit !

Blanc de dinde meunière

⏲ ***Temps total à prévoir*** : environ 30 minutes.

Ingrédients (pour 4 personnes) :

- 4 tranches de blanc de dinde.
- 100ml de lait **demi-écrémé UHT**.
- 50g de farine de blé **complet**.
- Huile d'olive extra vierge.
- Sel et poivre.

Technique culinaire :

- Tremper les blancs de dinde dans le lait salé et poivré.
- Fariner.
- Cuire en sauté dans une poêle très légèrement huilée au papier essuie-tout à feu moyen.
- Dresser et bon appétit !

Alternativement : vous pouvez remplacer la viande par du poisson, vous obtiendrez ainsi un poisson à la meunière. De plus, n'hésitez pas à arroser de jus de citron votre poisson à la meunière après cuisson, sauf si vous souffrez de reflux gastriques. Enfin, si reflux gastriques, évitez les poissons gras.

Filet de poisson poché

🕖 ***Temps total à prévoir*** : environ 30 minutes.

Ingrédients (pour 4 personnes) :

- 4 filets de poisson au choix (colin, cabillaud, lieu, sandre, saumon, truite...) Evitez les poissons gras si reflux gastrique.
- 400g de carottes💣.
- 1 oignon.
- Bouquet garni (voir la page N°30).
- Sel, poivre et 4 clous de girofle.
- Jus de citron (*sauf si reflux gastriques).

Technique culinaire :

- Réaliser le court bouillon : dans de l'eau froide salée et poivrée, intégrer les carottes parées, lavées et coupées en rondelles, le bouquet garni et l'oignon piqué des quatre clous de girofle. Laisser cuire le court bouillon 45 minutes dès ébullition.
- Une fois le court bouillon cuit, le passer au chinois et attendre qu'il tiédisse.
- Dès que le bouillon est tiède (ou froid), y incorporer le poisson et remonter doucement en température mais sans ébullition. Attention la cuisson est rapide : de l'ordre de 5 à 10 minutes suivant l'épaisseur du poisson.
- Egoutter le filet, le dresser et citronner*.
- Bon appétit !

Alternativement : servez le filet de poisson poché avec une béchamel diététique (voir la recette à la page N°50).

Darne de poisson en papillote

🕔 ***Temps total à prévoir*** : environ 45 minutes.

Ingrédients (pour 4 personnes) :

- 4 darnes de poisson au choix (évitez les poissons gras si vous souffrez de reflux gastriques, sinon privilégiez-les).
- Céleri en branche, oignon, persil, spaghettis de carottes💣 et de courgettes.
- Sel et poivre.
- Jus de citron (*sauf si reflux gastriques).
- Papier aluminium.

Technique culinaire :

- Dresser le poisson dans le papier aluminium, côté brillant vers l'intérieur.
- Accompagner le poisson des légumes découpés en spaghettis, sel et poivre.
- Fermer la papillote hermétiquement et enfourner à 180°C pendant environ 30 minutes à four chaud.
- Dresser après avoir arrosé de jus de citron* : bon appétit !

Bar au four

🕑 ***Temps total à prévoir*** : environ 45 minutes.

Ingrédients (pour 4 personnes) :

- 4 beaux bars frais.
- Eau.
- 60ml de vin blanc sec.
- Sel, poivre, persil.
- Jus de citron (*sauf si reflux gastriques).

Technique culinaire :

- Dresser les bars dans le plat à four.
- Napper de persil (ou autres fines herbes).
- Mouiller avec le vin blanc sec (l'alcool s'évaporera pendant la cuisson), le jus de citron* et de l'eau, sel, poivre.
- Enfourner 30 minutes à 180°C dans four chaud.
- Possibilité d'introduire un bol d'eau dans le four afin de limiter le dessèchement du poisson pendant la cuisson.
- Dresser, persiller et bon appétit !

Alternativement : vous pouvez remplacer le bar par un autre poisson blanc de votre choix : dorade, cabillaud, merlan, lieu… notamment si vous souffrez de reflux gastriques, dans le cas contraire un poisson gras fera très bien l'affaire également.

Filet de poisson au fromage blanc maigre

🕒 ***Temps total à prévoir*** : environ 45 minutes à 1 heure.

Ingrédients (pour 4 personnes) :

- 4 beaux filets de poisson au choix (évitez les poissons gras si vous souffrez de reflux gastriques, sinon privilégiez-les).
- 120g de fromage blanc **à 0%* de matière grasse** nature (*vivement conseillé si reflux gastriques).
- 2 cuillères à soupe de chapelure.
- Huile d'olive extra vierge.
- Sel, poivre, gingembre moulu.
- Jus de citron (*sauf si reflux gastriques).

Technique culinaire :

- Allonger les filets sur une planche de cuisine.
- Les napper de fromage blanc maigre.
- Saler, poivrer et saupoudrer de gingembre râpé.
- Plier les filets en roulades et les ficeler.
- Enrober les filets de chapelure et les déposer dans un plat à four huilé.
- Enfourner à four chaud à 170-180°C pendant 30 minutes.
- Dresser, citronner* et bon appétit !

Idéalement : à consommer avec un riz pilaf (voir la recette à la page N°59). Le fromage blanc sera maigre notamment en cas de reflux gastriques. Dans le cas contraire, le fromage blanc ne sera pas nécessairement hypocalorique.

Filet de poisson au poireau

🕓 ***Temps total à prévoir*** : environ 45 minutes.

Ingrédients (pour 4 personnes) :

- 4 beaux filets de poisson au choix (évitez les poissons gras si vous souffrez de reflux gastriques, sinon privilégiez-les).
- 800g de blancs de poireaux.
- 4 belles échalotes.
- 60ml de vin blanc sec.
- 2 cuillères à soupe de chapelure.
- 1 cuillère à café d'huile d'olive extra vierge.
- Sel, poivre, noix de muscade râpée.
- Jus de citron (*sauf si reflux gastriques).

Technique culinaire :

- Laver, parer et couper les blancs de poireaux en fin tronçons.
- Blanchir les tronçons de poireaux 5 minutes, puis les égoutter.
- Dans un plat légèrement huilé, déposer un lit d'échalotes finement hachées et les blancs de poireaux blanchis.
- Déposer les filets de poisson sur le lit de légumes.
- Arroser de vin blanc (l'alcool s'évaporera à la cuisson) et de jus de citron*, saler, poivrer et muscader.
- Parsemer de chapelure.
- Enfourner à four chaud à 180°C pendant 25 minutes en recouvrant d'une feuille de papier aluminium.
- Dresser et bon appétit !

Alternativement : vous pouvez remplacer le poireau par des carottes coupées en rondelles ou encore par des épinards...

Salade maritime

Temps total à prévoir : environ 20 minutes.

Ingrédients (pour 4 personnes) :

- 250g de crevettes cuites et décortiquées.
- 250g de moules **fraîches** cuites.
- 250g de pousses de soja.
- 2 pommes de taille moyenne.
- 4 cuillères à soupe d'huile de noix.
- 2 cuillères à soupe de levure de bière en paillettes.
- 1 cuillère à soupe de vinaigre de cidre.
- Sel, poivre, coriandre.
- Jus de citron (*sauf si reflux gastriques).

Technique culinaire :

- Ajouter dans un saladier les crevettes, les moules et les pousses de soja.
- Eplucher et couper les pommes en dés, et citronner* aussitôt.
- Ajouter les dés de pommes dans le saladier.
- Préparer une vinaigrette allégée en coupant la vinaigrette élaborée avec l'huile de noix et le vinaigre de cidre, avec la moitié du volume total obtenu d'eau.
- Incorporer la vinaigrette allégée au saladier, la levure de bière en paillettes, sel, poivre et coriandre.
- Dresser et bon appétit !

Idéalement : ne pas consommer cette salade à la sortie du réfrigérateur, mais la consommer à la température ambiante.

Quiche légère

🕐 ***Temps total à prévoir*** : environ 1 heure.

Ingrédients (pour 6 personnes) :

- 1 rouleau de pâte brisée (ou de pâte feuilletée) **allégée* en matières grasses** (*vivement conseillé si reflux gastriques).
- 200g de lardons nature.
- 200g de dés de jambon **maigre**.
- 3 œufs **extra frais**.
- 50ml de lait **demi-écrémé UHT**.
- 150ml de crème fraîche **à 15%* de matières grasses UHT** (*vivement conseillé si reflux gastriques).
- 50g de gruyère râpé **allégé* en matières grasses** (*vivement conseillé si reflux gastriques).
- Sel, poivre, noix de muscade râpée.

Technique culinaire :

- Dégraisser les lardons dans une poêle bien chaude sans matière grasse, puis les égoutter.
- Etaler la pâte brisée (ou feuilletée) dans le moule à tarte et piquer le fond à la fourchette, puis la cuire à blanc à four chaud pendant 10 minutes à 180°C.
- Dans un saladier, battre ensemble les œufs entiers, la crème allégée, le lait demi-écrémé, le sel, le poivre et la noix de muscade râpée : c'est l'appareil à flan.
- Dans le fond de la pâte à tarte, disposer les lardons dégraissés et les dés de jambon, puis les napper de l'appareil à flan.
- Parsemer de gruyère râpé et enfourner à four chaud à 180°- 200°C pendant 40 minutes.
- Dresser et bon appétit.

Œuf extra frais cocotte au jambon

🕘 ***Temps total à prévoir*** : environ 25 minutes.

Ingrédients (pour 4 personnes) :

- 4 œufs **extra frais**.
- 4 tranches de jambon blanc dégraissé et sans couenne.
- 8 cuillères à soupe de crème fraîche **à 15%* de matières grasses UHT** (*vivement conseillé si reflux gastriques).
- Sel, poivre.

Technique culinaire :

- Dresser au fond de 4 ramequins le jambon blanc haché.
- Ajouter un œuf cru entier dans chaque ramequin.
- Napper de crème fraîche salée et poivrée (2 cuillères à soupe par ramequin).
- Enfourner au bain marie chaud pendant 10 minutes à 220°C.
- Dresser et bon appétit !

Idéalement : à consommer avec une salade verte.

Œuf extra frais cocotte au fromage blanc

🕘 ***Temps total à prévoir*** : environ 25 minutes.

Ingrédients (pour 4 personnes) :

- 8 œufs **extra frais**.
- 400g de champignons de Paris.
- 160g de fromage blanc **à 0%* de matière grasse** (*vivement conseillé si reflux gastriques).
- Persil, sel et poivre.

Technique culinaire :

- Trancher les champignons de Paris en lamelles et les cuire à l'étouffée sans matière grasse, sel, poivre.
- Dresser dans le fond de 8 ramequins les champignons mélangés au fromage blanc.
- Casser un œuf dans chaque ramequin.
- Enfourner à four chaud au bain marie, à 220°C pendant 10 minutes recouvert de papier aluminium (le blanc de l'œuf doit être cuit).
- Persiller et bon appétit !

Idéalement : à consommer avec une salade verte.

Les féculents

NB : tous les conseils diététiques proposés dans ce paragraphe concernant les féculents sont **parfaitement adaptés**, et même **vivement conseillés**, en cas **d'excès de cholestérol et/ou de diabète pancréatique**, pathologie(s) associée(s) ou non à votre grossesse.

Les féculents représentent les **apports énergétiques d'origine alimentaire par excellence**. Leur absorption intestinale est **lente** (d'où la désignation de « **sucres lents** », qui leur est également attribuée). **Les féculents sont absolument indispensables à chaque petit-déjeuner et déjeuner**. Ils seront cependant consommés ou non, au cours du dîner (cela se fera à votre guise). Les féculents les plus communs sont : la pomme de terre (et sa fécule), le riz (riz blanc, riz complet, vermicelle de riz, semoule de riz...) le quinoa, le tapioca, tous les légumes secs (coco, soisson, lentille, fève, pois cassés, haricot rouge...) tous les produits à base de céréales (blé, avoine, seigle, sarrasin...) tels : le blé précuit (Ebly), les pâtes de froment ou complètes, la semoule de blé, le pain, les crêpes, les galettes, la pâte brisée, la pâte sablée ou feuilletée, le muesli...

Il existe des **féculents complets** (à base de céréales complètes) : riz complet, pâtes de blé complet, pain complet, pain aux céréales, pain multicéréale, pain aux graines, légumes secs, quinoa... et des **féculents blutés** (ou raffinés), c'est-à-dire des **féculents non complets** : riz blanc, pain blanc, pâtes de froment... Je vous conseille **très vivement** de favoriser la consommation des féculents complets au profit des féculents blutés.

Les féculents représentent les fondations même de votre équilibre alimentaire.

Concernant votre équilibre alimentaire associé à votre grossesse, les féculents sont **absolument indispensables à chaque petit-déjeuner et déjeuner**. Ils peuvent cependant être **non consommés** au cours du dîner. Il existe des **féculents complets** (à base de céréales complètes) : riz complet, pâtes de blé complet, pain complet, pain aux céréales... et des féculents dits « **blutés** », c'est-à-dire **non complets** : riz blanc, pain blanc, pâtes classiques... Il est **très important** de consommer, si possible, toujours des **féculents complets**. En effet, ceux-ci apportent du **fer (non héminique)**, des **fibres alimentaires végétales**, des **vitamines du groupe B** (hors B12), alors que les féculents raffinés (féculents non complets) en sont presque **totalement dépourvus**.

Concernant d'éventuels reflux gastro-œsophagiens, les féculents ne poseront aucun problème **s'ils sont consommés dans des quantités adaptées**, et donc sans excès.

Concernant les problèmes de constipation touchant la plupart des femmes enceintes, seuls les féculents **complets** joueront un rôle très intéressant. En effet, les fibres provenant des produits céréaliers **complets** possèdent des parois cellulaires qui résistent à la digestion, et qui retiennent l'eau dans leurs structures. Leur importance est réellement très élevée dans tous les sens du terme, au regard du traitement diététique de votre constipation, ou bien dans sa prévention primaire.

A savoir : il est difficile de classifier certains aliments tels les brioches, pains au lait, sablés, viennoiseries... En effet, **il s'agit à la fois de féculents et d'aliments riches en sucre** ! Pour faciliter notre collaboration nutritionnelle, nous considèrerons ces aliments comme des produits alimentaires **riches en sucres rapides et en matières grasses et non pas comme des féculents**. Ils seront donc à supprimer de votre alimentation.

1. Les féculents **doivent impérativement** être consommés au moins aux petits-déjeuners et aux déjeuners. Ils sont en général **non obligatoires** aux dîners, idem pour les goûter et les collations. (Cependant, en fonction des cas de figure, ceux-ci peuvent s'avérer nécessaires aux cours des dîners. Mais quoi qu'il en soit, les quantités de féculents de consommées au cours des dîners, seront toujours inférieures aux quantités de consommées au cours du déjeuner).
2. De nombreuses études scientifiques ont montré que les céréales complètes limitaient l'absorption intestinale du fer alimentaire. N'en tenez pas compte, **cet effet est négligeable**, de plus, les apports en fer (non négligeables) des céréales complètes permettent de compenser cet effet légèrement délétère.
3. Les pains riches en fibres : pain complet, pain aux céréales, pain aux graines... sont plus intéressants sur le plan nutritionnel **global**, que le pain blanc. **Evitez de consommer de la baguette**.
4. Le **maïs doux** est un légume vert, alors que la **Maïzena** (farine de maïs) est un féculent.
5. Les légumes secs sont représentés par les graines des légumineuses (lentille, fève, haricot blanc, soisson, flageolet...) Il est conseillé d'en consommer, **mais évitez de les consommer entiers**. Ce sont bien évidemment des féculents, ils sont considérés comme **complets. Ils représentent des sources intéressantes en fer, en fibres et en vitamines du groupe B (hors B12)**.
6. Tous les plats et les préparations à base de farine de blé, de sarrasin, de maïs (Maïzena), de seigle... : galette, crêpe, semoule de blé et de riz... sont des plats ou des préparations à base de féculent, et sont donc à considérer **comme des féculents**.
7. Les plats salés à base de pâtes feuilletées ou brisées (quiches, tartes salées...), sont également considérés comme étant des plats apportant des féculents, mais dans des quantités **cependant modérées**.
8. Petit avertissement : les tartelettes aux fruits, les pains au chocolat... sont, bien entendu, à base de farine de blé, mais ce ne sont pas des féculents pour autant, mais il s'agit, cela ne vous aura évidemment pas échappé, respectivement des pâtisseries et des viennoiseries ! Soit des produits alimentaires riches en sucre.

9. Les pâtes devront être consommées **fermes ou al dente**, mais **jamais fondantes**. Si possible, privilégiez fortement les pâtes de gros calibre (tagliatelle, spaghetti...), plutôt que les pâtes de petits calibres (vermicelle, semoule de blé, coquillette...), et celles à base de **farine complète seront optimales**.
10. **Privilégiez les céréales complètes autant que possible** : riz complet, pâtes à base de farine de blé complet, pain complet. En effet, elles améliorent **très fortement la satiété**, et elles représentent de très bons apports nutritionnels en **fibres alimentaires végétales**, en vitamines du groupe B, **en fer**, en zinc... Si vous n'aimez pas les pâtes complètes, consommez des pâtes de blé tendre à la place, cependant **leurs apports en fer seront quasi nuls**.
11. Quand vous ressentez de la faim entre les repas, c'est systématiquement lié à deux choses : soit vous mangez trop vite, **soit les apports en féculents ne furent pas couverts, ou furent insuffisamment couverts, lors du dernier repas**. Donc, si vous ressentez des sensations de faim entre les repas, pensez automatiquement : « **Ai-je consommé suffisamment de féculents lors de mon dernier repas** ? »
12. Les biscuits pour le petit-déjeuner du genre « Belvita » sont de bons aliments. Ce sont des féculents à part entière, ils peuvent remplacer le pain du petit-déjeuner sans problème.
13. Il existe de nombreuses **céréales pour le petit-déjeuner**, enrichies en fer, tel le muesli par exemple... C'est indiqué sur leur emballage comme ceci « **avec des céréales complètes** », et/ou « **vitamines B et fer** » par exemple (**absence totale** de vitamine B12 cependant).
14. Le taboulé c'est un plat à base de féculent (semoule de blé).
15. Le maïs en épi n'est pas un féculent, c'est un légume vert.
16. Le quinoa est un **excellent féculent complet**. Il est riche en stérols, **en fibres**, en oméga 3 et en vitamine E. De plus, il est exceptionnellement riche pour une céréale, en **fer**, **calcium**, zinc, magnésium, phosphore et potassium ! **Mangez du quinoa** !
17. Je vous déconseille, même pour traiter une constipation, de consommer du son de blé ou du son d'avoine. Le son de blé et celui d'avoine irritent facilement le tube digestif chez une femme enceinte, ils sont donc **à proscrire**.

18. Si la consommation de légumes secs entraîne des inconforts importants, n'en consommez pas. (Ces inconforts sont généralement évités si vous ne consommez pas vos légumes secs entiers, mais sous forme de pois cassés ou de purée).
19. La baguette est le plus « **mauvais** » des pains sur le plan nutritionnel. Je vous la déconseille totalement.
20. Les chocos (de qualité) à base de blé complet, ne poseront pas de problème au sein du petit-déjeuner. En effet, leur intérêt nutritionnel n'est absolument pas nul.
21. Je ne vous conseille pas les biscottes, même complètes. En effet, je considère leur qualité nutritionnelle, ainsi que leur index glycémique, inadaptés à un bon équilibre alimentaire.
22. Je ne vous conseille pas les céréales du petit-déjeuner à base de blé ou de maïs extrudé (craquotte, galette de riz, corn flakes...) Et encore moins celles dites « de régime ». Ce sont de mauvais aliments sur un plan nutritionnel.
23. Les céréales pour petit-déjeuner « all bran » sont très intéressantes de par leur **très grande richesse en fibres**, ainsi que les flocons d'avoine. Leur rôle d'optimisation du transit intestinal est très élevé.
24. Les châtaignes sont des féculents **qui sont riches en fibres**.
25. Consommez des graines de lin, des graines de sésame... **qui sont très riches en fibres** (ainsi qu'en oméga 3, calcium...) Attention cependant à les écraser avant de les consommer, **notamment si celles-ci vous provoquent des douleurs abdominales.** A noter que les graines de lin sont également très riches en oméga 3 et que les graines de sésame sont également très riches en calcium (il s'agit de la source alimentaire connue à ce jour la plus riche en calcium). Je vous conseille donc très fortement d'enrichir régulièrement votre alimentation avec ces graines (dans les salades, les produits laitiers...)
26. En cas de reflux gastro-œsophagiens, il est très vivement conseillé **de ne pas consommer** de pain frais, et surtout pas la mie de pain blanc **frais**. Le pain ne doit pas être non plus consommé à la sortie du four (chaud ou tiède).

➢ ***Les pâtes*** : les pâtes seront idéalement consommées al dente. Evitez cependant les pâtes de cuisson rapide qui n'ont pas le même intérêt nutritionnel que celles de cuisson standard (8-10 minutes). En fonction de vos tolérances personnelles, la plupart d'entre vous éviteront la purée de tomate dans les pâtes car elle favorise les reflux gastro-œsophagiens.

➢ ***La sauce béchamel*** : la recette traditionnelle est la suivante : dans une casserole, faire un roux blanc avec du beurre et de la farine de blé **complet**, pour 20g de beurre on additionne 20g de farine de blé **complet**, puis une fois dextriné, on lie l'ensemble au fouet en remuant doucement, hors du feu, avec du lait chaud **UHT** salé, poivré et additionné de noix de muscade râpée, puis on réchauffe l'ensemble sur feu doux tout en remuant sans cesse jusqu'à épaississement. La recette traditionnelle est source de graisses cuites et elle est donc peu digeste, donc non recommandée dans le cadre de votre grossesse et notamment si vous souffrez de reflux gastro-œsophagiens. Mais il existe une parade qui consiste à éliminer les matières grasses de la recette, nous obtenons alors une béchamel diététique.

➢ ***La sauce béchamel diététique*** : on lie au fouet la farine de blé **complet** à hauteur de 3 à 8% de la quantité de lait **UHT** chaud salé, poivré et additionné de noix de muscade râpée, par exemple pour une quantité de lait de 100ml, on utilise de 3 à 8g de farine **complète**. Il s'agit d'une liaison type bouillie. Puis une fois la liaison homogène, on réchauffe à feu doux pendant 5 à 10 minutes jusqu'à épaississement : la béchamel diététique est prête.

➢ ***Les légumes secs*** : les légumes secs doivent être impérativement mis à tremper au moins 12 heures dans une grande quantité d'eau froide avant leur cuisson. Puis leur cuisson s'effectuera dans un court bouillon très parfumé et préparé à l'avance (la veille), de plus, la cuisson s'effectuera toujours au départ court bouillon froid, à cuisson lente et à couvert.

Conseils culinaires indispensables

- Favorisez toujours la consommation des féculents **complets** : pâtes complètes, riz complet, farine de blé complet...
- N'hésitez pas à cuisiner régulièrement des **légumes secs** (sauf si ceux-ci vous occasionnent des inconforts digestifs).
- **Limitez** l'utilisation des matières grasses autant que possible.
- Les œufs seront toujours **extra frais** et d'une apparence extérieure et intérieure sans défaut ni odeur suspecte.
- **Attention** : si vous souffrez de constipation diminuez les quantités de **carottes** de proposées dans les recettes.
- Si des produits laitiers sont utilisés dans vos plats, privilégiez ceux qui sont **allégés en matières grasses** : lait écrémé ou demi-écrémé, fromage blanc maigre, fromage affiné allégé en matières grasses, crème fraîche allégée en matières grasses... Ils seront tous stérilisés **UHT** ou au moins **pasteurisés**.
- Vous pouvez remplacer dans certains desserts lactés le lait de mammifère par un lait végétal nature de votre choix, et notamment par du lait de châtaigne si reflux gastriques.
- Utilisez, au mieux, **un édulcorant** à la place du sucre.
- **Ne pas trop saler** vos plats.
- L'incorporation de graines de sésame **pilées** et/ou de graines de lin **pilées** et/ou de levure de bière en paillettes (sans cuisson) sera très bénéfique sur le plan nutritionnel.

En respectant ces quelques conseils diététiques au sein de vos pratiques culinaires concernant ce groupe des féculents, vous apprendrez très rapidement à cuisiner ceux-ci d'une manière plus diététique, et donc, d'une manière plus adaptée à votre grossesse. Ainsi, il vous sera aisé, après un tout petit peu de pratique, de modifier de vous-même les recettes traditionnelles de façon à les adapter à votre grossesse.

Cet ouvrage étant à vocation diététique, aucune des recettes proposées ne sont à base de beurre ni de sucre.

Gâteau de pâtes complètes

🕑 ***Temps total à prévoir*** : environ 45 minutes.

Ingrédients (pour 4 personnes) :

- 400g de pâtes **complètes** crues.
- 8 œufs entiers **extra frais.**
- 4 tranches de jambon blanc dégraissé sans couenne.
- 1 litre de lait **demi-écrémé UHT**.
- 80g de gruyère râpé **allégé* en matières grasses** (*vivement conseillé si reflux gastriques).
- Chapelure.
- Sel, poivre, noix de muscade râpée.

Technique culinaire :

- Cuire les pâtes dans le lait salé puis les égoutter après cuisson.
- Incorporer le jambon blanc coupé en dés et la moitié du gruyère râpé.
- Battre les œufs en omelette et les incorporer à la préparation, sel, poivre, noix de muscade râpée.
- Dresser dans une terrine, saupoudrer du restant de gruyère râpé et de chapelure.
- Enfourner 15 minutes à 170°C à four chaud.
- Dresser et bon appétit !

Idéalement : utilisez des pâtes de petit calibre telles les coquillettes par exemple ou encore des macaronis.

Lasagne de poisson

🕚 ***Temps total à prévoir*** : environ 1 heure et 15 minutes.

Ingrédients (pour 4 personnes) :

- 500g de poisson au choix (évitez les poissons gras si vous souffrez de reflux gastriques, sinon privilégiez-les).
- 500g d'épinards frais (ou surgelés).
- 500ml de lait **demi-écrémé UHT**.
- 200g de champignons de Paris.
- 16 feuilles de lasagne.
- 100g de gruyère râpé **allégé* en matières grasses** (*vivement conseillé si reflux gastriques).
- 40g de farine de blé **complet**.
- Sel, poivre et noix de muscade râpée.

Technique culinaire :

- Faire revenir les champignons de Paris dans une poêle chaude sans matière grasse.
- Préparer la béchamel diététique (voir recette à la page N°50) avec le lait, la farine de blé complet, le sel, le poivre et la noix de muscade râpée.
- Cuire les épinards dans de l'eau chaude salée.
- Cuire le poisson soit à la vapeur, soit au court bouillon.
- Dans un plat à four, étager comme ceci : 4 feuilles de lasagne, le poisson émietté, 4 feuilles de lasagne, les épinards cuits avec les champignons, 4 feuilles de lasagne, la béchamel diététique et enfin les 4 dernières feuilles de lasagne.
- Ajouter le gruyère râpé sur le dessus et enfourner à four chaud pendant 40 minutes à 220°C.
- Dresser et bon appétit !

Lentilles au naturel

(Susceptible de provoquer des inconforts digestifs !)

🕒 ***Temps total à prévoir*** : environ 1 heure et 15 minutes.

Ingrédients (pour 4 personnes) :

- 500g de lentilles sèches.
- 200g de carottes💣 (pour le court bouillon).
- 1 oignon (pour le court bouillon).
- 4 clous de girofle (pour le court bouillon).
- Bouquet garni (voir page N°30).
- Sel et poivre.

Technique culinaire :

- Bien laver les lentilles sous un jet d'eau froide.
- Réaliser le court bouillon la veille : dans de l'eau froide salée et poivrée, intégrer les carottes coupées en rondelles, le bouquet garni et l'oignon piqué des quatre clous de girofle. Laisser cuire le court bouillon 45 minutes dès ébullition.
- Une fois le court bouillon cuit, **ne pas le passer au chinois**, et attendre qu'il soit froid de façon à obtenir un départ de cuisson des lentilles en court bouillon froid.
- A noter que les éléments aromatiques du court bouillon que sont les oignons, les carottes et le bouquet garni seront conservés pour la cuisson des lentilles. Seuls les clous de girofle seront supprimés.
- Départ court bouillon froid, introduire les lentilles dans le court bouillon et laisser cuire 15 minutes sous pression.
- Egoutter les lentilles dès la fin de la cuisson.
- Dresser et bon appétit !

Purée de pois cassés (ou st. Germain)

🕓 ***Temps total à prévoir*** : environ 1 heure.

Ingrédients (pour 4 personnes) :

- 500g de pois cassés.
- 200g d'oignons.
- 200g de carottes💣.
- 100g de lardons nature.
- 50ml de crème fraîche liquide **à 15%* de matières grasses UHT** (*vivement conseillé si reflux gastriques).
- 2 cuillères à soupe d'huile d'olive extra vierge.
- Bouquet garni (voir la page N°30).
- Sel, poivre et noix de muscade râpée.

Technique culinaire :

- Faire une première cuisson des pois cassés dans un départ eau froide pendant 10 minutes dès ébullition.
- Faire réduire les lardons dans une poêle bien chaude afin d'éliminer des matières grasses, puis les égoutter.
- Faire suer les oignons coupés en dés et les carottes parées, lavées, coupées en rondelles dans l'huile d'olive.
- Rajouter ensuite les lardons dégraissés, les pois cassés, le bouquet garni, sel, poivre, et couvrir d'eau bouillante à hauteur (sans dépasser le tiers de la hauteur de l'autocuiseur).
- Cuire une demi-heure sous pression dès que la soupape se met à siffler et à tourner.
- Egoutter et conserver le jus de cuisson.
- Passer au presse-purée, incorporer la crème fraîche liquide à 15% de matières grasses, la noix de muscade moulue et un peu de liquide de bouillon de façon à ce que la purée ne soit pas trop sèche, mais qui doit être épaisse.

Soissons à la crème fraîche allégée

(Susceptible de provoquer des inconforts digestifs !)

🕔 ***Temps total à prévoir*** : environ 40 minutes.

Ingrédients (pour 4 personnes) :

- 400g de soissons secs.
- 150g d'oignons.
- 150g de carottes💣.
- 100ml de crème fraîche liquide **à 15%* de matières grasses UHT** (*vivement conseillé si reflux gastriques).
- 1 gousse d'ail.
- 2 clous de girofle.
- Bouquet garni (voire la page N°30).
- Sel, persil et poivre.

Technique culinaire :

- Mettre à tremper les soissons dans une grande quantité d'eau froide pendant au moins 12 heures.
- Dans de l'eau froide, introduire ensemble les carottes parées, lavées et coupées en rondelles, les oignons fendus, la gousse d'ail, le bouquet garni, le sel, le poivre et les clous de girofle.
- Cuire sous pression environ 15 minutes dès que la soupape se met à siffler et à tourner.
- Egoutter et retirer l'oignon, le bouquet garni l'ail et les clous de girofle.
- Servir les soissons nappés de crème fraîche allégée en matières grasses et persiller.
- Dresser et bon appétit !

Gnocchi à la romaine

🕗 ***Temps total à prévoir*** : environ 1 heure 15 minutes.

Ingrédients (pour 4 personnes) :

- 500g de semoule de blé **complet** crue.
- 8 jaunes d'œufs **extra frais**.
- 2 litres de bouillon de légumes.
- 200g de gruyère râpé **allégé* en matières grasses** (*vivement conseillé si reflux gastriques).
- Sel, poivre.

Technique culinaire :

- Cuire la semoule de blé **complet** dans le bouillon de légumes, à découvert, sans cesser de remuer. Possibilité d'élaborer votre bouillon de légumes avec un cube de bouillon de légumes déshydraté, mais dans ce cas attention à ne pas resaler par la suite.
- Après cuisson, incorporer les ¾ du gruyère râpé et les jaunes d'œufs, sel et poivre.
- Réserver sur une planche à pâtisserie la préparation obtenue.
- Découper en carrés, à l'emporte pièce, des petites pièces de la préparation.
- Dresser dans un plat à four légèrement huilé ou sur du papier cuisson.
- Saupoudrer la préparation avec le reste de gruyère râpé.
- Enfourner 15 minutes à 170°C, à four chaud.
- Dresser et bon appétit !

Semoule complète au jambon

🕑 ***Temps total à prévoir*** : environ 1 heure 15 minutes.

Ingrédients (pour 4 personnes) :

- 500g de semoule de blé **complet** crue.
- 8 œufs entiers **extra frais**.
- 4 tranches de jambon blanc dégraissé sans couenne.
- 1 litre de lait **demi-écrémé UHT**.
- Sel, poivre.

Technique culinaire :

- Faire cuire dans le lait chaud salé et poivré, la semoule de blé, remuer sans cesse jusqu'à l'obtention d'une consistance épaisse.
- Après cuisson, incorporer le jambon blanc haché.
- Laisser refroidir dans un bain marie froid, puis incorporer les jaunes d'œufs et ensuite la moitié du blanc battu en neige très ferme.
- Dresser dans un plat à four, enfourner au bain marie 20 minutes à 180°C à four chaud.
- Dresser et bon appétit !

Alternativement : le jambon peut être remplacé par une autre viande de votre choix, voire par du poisson.

Riz complet pilaf

🕘 ***Temps total à prévoir*** : environ 40 minutes.

Ingrédients (pour 4 personnes) :

- 500g de riz long **complet** cru.
- 1 oignon.
- 2 gousses d'ail.
- 2 cuillères à soupe d'huile d'olive extra vierge.
- Epices au choix (curry, safran...)
- Eau.

Technique culinaire :

- Faire ivoirer le riz **complet** dans l'huile d'olive chaude : dans une petite casserole, faire revenir le riz en remuant sans cesse avec une spatule en bois, jusqu'à ce que le riz devienne translucide (cela prend environ 2 à 3 minutes).
- Ajouter les oignons émincés.
- Mouiller l'ensemble avec 1 litre d'eau.
- Ajouter les épices, les gousses d'ail, couvrir et laisser cuire à feu doux jusqu'à l'absorption totale du liquide.
- Dresser, retirer l'ail du plat et bon appétit !

Alternativement : il est tout à fait envisageable d'appliquer ce mode de cuisson du riz juste avec du riz complet et de l'eau.

Semoule aux fruits meringués sans sucre

🕓 ***Temps total à prévoir*** : environ 1 heure 15 minutes.

Ingrédients (pour 4 personnes) *:*

- 500g de pommes.
- 500ml de lait **demi-écrémé UHT.**
- 150g de semoule de riz crue.
- 3 blancs d'œufs **extra frais**.
- 2 cuillères à soupe de sucralose.
- 1 gousse de vanille (optionnelle).

Technique culinaire *:*

- Cuire la semoule à découvert dans le lait parfumé.
- Edulcorer après cuisson avec le sucralose, mais avec la moitié du sucralose mis en réserve.
- Réaliser une compote avec les fruits (sans sucre).
- Battre les blancs d'œufs en neige très ferme, et les édulcorer avec le restant du sucralose.
- Dresser dans une terrine comme suit :
    - 1 couche de semoule au lait.
    - 1 couche de compote de fruit.
    - 1 couche de semoule au lait.
    - Le blanc en neige très ferme.
- Enfourner 30 minutes à four chaud à 160- 170°C.
- A consommer frais ou à température ambiante si reflux gastro-œsophagiens, bon appétit !

Alternativement *:* vous pouvez remplacer les pommes par des poires par exemple, et le lait par un lait végétal nature de votre choix.

Riz complet impératrice aux fruits sans sucre

Temps total à prévoir : environ 45 minutes.

Ingrédients (pour 4 personnes) :

- 500g de fruits pochés au sirop (au choix).
- 200g de riz rond **complet** cru.
- 1 litre de lait de châtaigne nature.
- 4 feuilles de gélatine.
- 2 cuillères à soupe de sucralose.
- 1 gousse de vanille (optionnelle).

Technique culinaire :

- Crever le riz rond complet dans l'eau bouillante 2 à 3 minutes.
- Faire cuire le riz dans le lait de châtaigne frémissant, récipient semi-couvert.
- Edulcorer après cuisson (avec le sucralose).
- Ajouter dans la préparation chaude (hors du feu) les feuilles de gélatine préalablement trempées dans l'eau froide pendant environ 5 bonnes minutes.
- Dresser dans des ramequins dont les fonds furent préalablement décorés de fruits pochés.
- Réserver à +4°C pendant au moins 3 heures.
- A consommer frais ou à température ambiante si reflux gastro-œsophagiens, bon appétit !

Alternativement : le lait de châtaigne peut être remplacé par du lait d'amande, de riz ou encore par du lait écrémé **UHT** ou demi-écrémé **UHT**.

Crêpes complètes légères sauce Mornay

Temps total à prévoir : environ 50 minutes.

Ingrédients (pour 8 à 10 crêpes) :

Pâte à crêpes :

- 1 gros œuf **extra frais**.
- 100ml de lait **demi-écrémé UHT**.
- 100ml d'eau.
- 50g de farine de blé **complet**.
- 50g de Maïzena.

Sauce Mornay :

- 300ml de lait **demi-écrémé UHT**.
- 40g de farine de blé **complet**.
- 40g de gruyère râpé **allégé* en matières grasses** (*vivement conseillé si reflux gastriques).
- Sel, poivre, noix de muscade râpée.

Technique culinaire :

- Préparer la pâte à crêpe : mettre la farine de blé **complet** et la Maïzena dans un saladier en puis. Puis y intégrer l'œuf entier, et au fouet mélanger l'ensemble, puis mouiller la pâte avec le lait et l'eau jusqu'à l'obtention d'un mélange homogène, sans grumeau. Laisser reposer au moins une heure.
- Confectionner la sauce Mornay : faire chauffer le lait salé, poivré et additionné de la noix de muscade râpée mais pas jusqu'à l'ébullition. Puis hors du feu, au fouet, y incorporer la farine et le gruyère râpé, et recuire à feu doux pendant 5 à 10 minutes en remuant sans cesse au fouet jusqu'à épaississement.
- Fourrer les crêpes : bon appétit !

Les légumes verts

NB : tous les conseils diététiques proposés au sein de ce paragraphe, concernant les légumes verts, sont **parfaitement adaptés**, et même **vivement conseillés**, en cas **d'excès de cholestérol et/ou de diabète pancréatique**, pathologie(s) associée(s) ou non à votre grossesse.

Les légumes verts sont quasiment tous dépourvus d'énergie. Ils sont indispensables dans votre alimentation quotidienne. Ils sont réputés pour être anticancéreux, notamment s'ils sont issus de l'agriculture biologique. Les légumes verts représentent des apports fondamentaux en fibres alimentaires végétales, qui favorisent fortement le transit intestinal, et qui séquestrent une partie du cholestérol alimentaire. Ils apportent également des vitamines (vitamines du groupe B surtout **B9**, vitamines K, C et E...) et des sels minéraux, qui sont indispensables pour le bon fonctionnement quotidien du métabolisme. Les légumes verts seront très favorablement consommés à chaque repas, cependant, c'est au dîner que leur rôle prédomine. Au mieux, les légumes verts seront consommés également à chaque déjeuner (et même pourquoi pas au cours de chaque petit-déjeuner). Cependant, leur consommation au cours du déjeuner **ne doit pas éclipser celle des féculents**, qui, pour ces derniers, sont indispensables lors de chaque déjeuner.

Concernant votre équilibre alimentaire associé à votre grossesse, les légumes verts représentent des apports alimentaires fondamentaux en fibres alimentaires végétales, en vitamines (notamment **B9** et C, mais **ils n'apportent pas de vitamine B12 du tout**) et des sels minéraux (dont du fer en quantité modérée pour certains, du calcium...) qui sont indispensables pour le bon fonctionnement quotidien du métabolisme de la femme enceinte, mais également pour le développement optimal de l'enfant.

A savoir : les légumes verts sont des sources alimentaires **de premier ordre** en **vitamine B9.** Une carence en vitamine B9 est très dangereuse chez la femme enceinte, car cela favorise des malformations du fœtus. C'est la raison pour laquelle une supplémentation médicale en vitamine B9 est systématiquement proposée aux femmes enceintes par le médecin traitant.

Concernant les éventuels reflux gastro-œsophagiens, seuls quelques légumes verts seront **susceptibles** de poser problème (en fonction des tolérances de chacune), telles par exemple les tomates, le concombre et les poivrons.

Concernant les problèmes de constipation touchant la plupart des femmes enceintes, leur rôle dans votre alimentation est **absolument indispensable.** Leur richesse en fibres et en eau en fait des aliments de premier ordre dans votre alimentation. Aucun légume vert ne posera de problème.

A savoir : **la carde de la rhubarbe** est un légume vert. Celle-ci est **une excellente accélératrice du transit intestinal.** Cependant, **ne surconsommez pas** de rhubarbe, contentez-vous d'en consommer environ un petit demi-bol de 150g par jour au maximum (la valeur d'un petit pot de compote de fruits). En effet, sa **surconsommation** peut favoriser le côlon irritable, **pouvant alors aggraver la constipation.**

1. Les légumes verts peuvent être consommés crus ou cuits. La consommation crue est cependant **à privilégier, pour environ le tiers de leurs apports alimentaires quotidiens totaux.** En effet, la cuisson détruit une bonne partie des vitamines. La cuisson à la vapeur reste cependant la moins destructrice à ce niveau.

2. **La consommation crue** des légumes verts ne se fera qu'en appliquant **des règles d'hygiène strictes** (afin d'éviter la contamination par les toxoplasmes) : lavage soigneux et régulier des mains. Lavage soigneux des légumes verts **avant et après** leur épluchage. Ne pas laisser les épluchures traîner sur le plan de travail mais les jeter au composteur dans les plus brefs délais. Laissez les salades vertes bien lavées, tremper dans de l'eau javellisée (1 **ml** de javel (quelques gouttes) pour 1 litre d'eau) pendant dix minutes, puis rinçage **abondant** à l'eau claire. Toujours nettoyer et désinfecter à l'eau javellisée le plan de travail mis en contact avec les épluchures des légumes verts.

3. **Je vous déconseille la consommation crue du cresson de fontaine et de la mâche**.

4. Il est très vivement conseillé de peler, de râper... les légumes verts en vue de leur consommation crue, le plus proche possible de leur consommation, car bon nombre de vitamines sont détruites par leur contact avec l'oxygène. (Sinon, citronnez-les juste après les avoir râpés par exemple, ce qui aura un double effet : la vitamine C protège les autres vitamines de l'effet néfaste de l'oxygène, et elle favorise l'absorption de leur fer alimentaire).

5. Ne **jamais laisser tremper** les légumes verts dans l'eau (sauf pour leur décontamination à l'eau faiblement javellisée), mais rincez-les plutôt rapidement sous le jet du robinet **d'eau froide**. En effet, le trempage entraîne **une perte très importante** de vitamines et de sels minéraux, qui migrent naturellement vers l'eau de trempage par phénomène d'osmose. De ce fait, dès lors que cette eau de trempage n'est pas consommée, les vitamines et les sels minéraux se retrouvent alors perdus ! Ce qui est un comble !

6. La liste des légumes verts est à consulter sur mon site Internet www.cedricmenarddieteticien.com

7. La pomme de terre **n'est pas** un légume vert : c'est un féculent.

8. Les légumes verts peuvent être frais, surgelés (dans ce cas, il existe un grand nombre de choix de poêlées surgelées, dans les supermarchés, qui sont parfaitement adaptées à votre grossesse en cours), ou encore en conserve sans aucun problème.

9. Les légumes verts sont des sources alimentaires **très hétérogènes** en vitamine C. Cependant leur teneur en vitamine B12 **est nulle**.

10. Dès que possible (**si la surface du légume vert est de bel aspect, qu'il est issu de l'agriculture bio et très soigneusement lavé**), je vous conseille de consommer les légumes verts avec leur peau, car les vitamines, les sels minéraux, et une **bonne partie des fibres alimentaires végétales**, sont perdus lors du pelage, car la plupart des vitamines se trouvent juste sous la peau des légumes verts (et des fruits). Une courgette bio, par exemple, est parfaitement consommable avec sa peau.
11. Grâce à la richesse de certains légumes verts en vitamine C, leur association avec des viandes ou des poissons, est très bénéfique, car souvenez-vous de l'intérêt très élevé des apports en vitamine C dans l'absorption intestinale du fer alimentaire...
12. **TRES IMPORTANT** : la cuisson **détruit la moitié environ des apports en vitamine C** des légumes verts, donc, privilégiez la consommation crue de ceux-ci (selon certaines conditions d'hygiène stricte déjà énumérées précédemment).
13. Le persil est un aliment très intéressant, car il est riche en fer et il est également très riche en vitamine C, ce qui en fait **un condiment de grande importance dans tous vos plats**.
14. Le **poivron rouge** est un des légumes verts **le plus riche en vitamine C**. Les poivrons verts, jaunes, orange... possèdent également une forte teneur en cette vitamine, ce qui en fait des légumes verts importants dans la prévention, chez la femme enceinte, de l'anémie ferriprive (carence en fer).
15. Les légumes verts issus de l'agriculture biologique, sont en général plus riches en vitamines et en sels minéraux, que les légumes verts non bio.
16. Les légumes verts jouent un rôle capital dans leurs apports en fibres alimentaires végétales, qui permettent d'assurer un bon transit intestinal à la femme enceinte, soignant ou prévenant ainsi la constipation qui est très fréquente.
17. Vous savez sans aucun doute que les épinards sont réputés pour leur teneur en fer (Popeye...), et pourtant, ils ne sont pas si riches en fer que cela ! Leur bonne réputation ferrique vient en fait de leur teneur en vitamine C, qui est relativement importante, favorisant alors **fortement l'absorption du fer que les épinards apportent** ! La combinaison gagnante de l'épinard est donc : apports **corrects** en fer + apports **relativement élevés** en vitamine C.

18. Les légumes verts les plus intéressants, au regard de leurs apports en **fer** sont le persil, les bettes, les épinards et le cresson (ne pas consommer ce dernier cru), et cela grâce à leur teneur en fer **relativement intéressante associée** à des **apports élevés** en vitamine C.
19. Les légumes verts apportent plus ou moins du fer « non héminique ». Cette forme d'apport de fer alimentaire est **moins bien absorbée** par le métabolisme humain que le fer « héminique » d'origine animale (viandes, poissons...)
20. Les cinq légumes verts les plus intéressants pour leurs apports alimentaires en vitamine **B9** (par ordre décroissant d'intérêt) sont : le cresson de fontaine (consommé obligatoirement **cuit**), le persil, le pissenlit, l'épinard et l'oseille.
21. Les **steaks de soja** sont des sources **exceptionnellement riches** en vitamine **B9**. Cependant, consommez-en avec modération, car leurs apports en protéines animales, ainsi que ceux en vitamine B12, **sont nuls**.
22. Un potage de légumes verts à chacun des repas (petit-déjeuner, collation, déjeuner, goûter et dîner) sera très intéressant.
23. Je ne peux que vous conseiller le persil frais **qui est un légume vert exceptionnel** de par ses vertus nutritionnelles, notamment chez les femmes enceintes : il s'agit de l'un des légumes verts **les plus riches en fer**, l'un des **plus riches en vitamine B9** et l'un **des plus riches en vitamine C** ! A noter que les épinards et le cresson ne sont pas bien loin derrière le persil pour leur grand intérêt nutritionnel.
24. Au regard des vertus du persil, je vous conseille de consommer **un verre de jus de persil frais** chaque matin.
25. Les légumes verts suivant peuvent favoriser les reflux gastro-œsophagiens : tomates (fraîches, en sauce, coulis...), poivrons, concombre et l'oignon. En fonction de vos tolérances personnelles, ils seront donc à supprimer de votre alimentation !
26. Ne consommez **pas trop** de carottes **cuites** qui jouent un rôle de **ralentisseur** du transit intestinal. Consommez-les **plutôt crues**.

Composition nutritionnelle de quelques légumes verts

Légende : trois étoiles ★★★ signifient « **A privilégier : apports très importants** ». Deux étoiles ★★ signifient « **apports élevés** ». Une étoile ★ signifie « **apports faibles** ». L'étoile vide ☆ signifie « **Apports très faibles à nuls** ». « 💣 » signifie : « vigilance accrue : risques sanitaires et/ou de reflux gastriques ». « + » signifie le plus riche. « - » signifie le moins riche.

Légumes verts.	**Apports en fer.** (Ordonnés du plus riche + vers le plus pauvre apport -).	**Apports en vitamine B9.** (Non ordonnés).	**Apports en fibres.** (Non ordonnés).
Persil.	★★ +	★★★	★
Epinard.	★★	★★★	★
Bette.	★★	★ -	★
Cresson. 💣	★★	★★★ +	★
Mâche. 💣	★	★★	★
Petit pois.	★	★	★★★ +
Chou brocoli.	★	★★	★
Salade verte.	★	★★	★
Courgette.	★	★★	★
Poireau.	★	★★	★
Poivrons. 💣	★	★	★
Haricot vert.	★	★	★
Salsifis.	★	★	★
Maïs doux.	★	★★	★ -
Chou blanc.	★	★	★
Carotte.	★	★★	★
Concombre 💣	★	★	★
Tomate. 💣	★	★★	★
Chou de Brux.	★ -	★★	★

Source : « Table de composition nutritionnelle des aliments CIQUAL » 2013. (Résultats **adaptés**, afin de vous faciliter la compréhension des données).

➢ ***Le bouquet garni*** : chacun peut élaborer son propre bouquet garni, il s'agit en fait d'associer divers aromates et de les ficeler ensemble. Une idée de bouquet garni : une branche de laurier sauce possédant de 6 à 8 feuilles, deux belles branches de thym, deux belles branches de romarin, un blanc de poireau, le tout ficeler solidement avec de la ficelle de cuisine.

➢ ***Le court bouillon*** : il s'agit de l'aromatisation d'eau par divers condiments et légumes verts. Dans un litre d'eau froide, introduire des carottes coupées en rondelles fines, un oignon piqué de 4 clous de girofle, deux gousses d'ail, un bouquet garni, du gros sel et du poivre en grain. Le départ de la cuisson se fait toujours à l'eau froide et la cuisson doit être douce, au bout d'une heure et demi de cuisson le court bouillon est prêt à être passé au chinois. Il est possible de faire réduire le court bouillon sur un feu fort après son passage au chinois afin de concentrer ses arômes (l'eau s'évapore mais les arômes eux restent !) Le court bouillon est en général utilisé départ tiède ou départ froid dans les préparations culinaires, en fait il ne s'agit ni plus ni moins de le préparer à l'avance et de le laisser refroidir.

➢ ***Le potage*** : le potage est un excellent plat riche en eau et en légumes verts, donc en vitamines, fibres et sels minéraux. Cependant **si vous souffrez de reflux gastro-œsophagiens**, n'oubliez pas de le consommer épais et jamais trop chaud, de même je vous rappelle qu'il est déconseillé en général de le consommer au dîner si votre couché et rapide à la suite de sa consommation. Pour épaissir votre potage vous pouvez le laisser réduire à découvert sur le feu ou bien vous pouvez additionner votre potage après mixage de fécule de pommes de terre ou de crème de riz, en respectant un dosage de 8% environ, c'est-à-dire 8g de fécule de pomme de terre ou de crème de riz par 100ml de potage environ. Dans cette optique, prendre un bol et y introduire une petite quantité de votre potage, puis avec le fouet introduire en pluie la fécule ou la crème de riz en remuant sans cesse jusqu'à l'homogénéisation de l'ensemble sans grumeau. Puis, toujours au fouet, introduire le contenu du bol dans le potage en remuant au fouet, puis réchauffer à nouveau le potage sur feu doux pendant 5 minutes tout en remuant sans cesse au fouet.

Conseils culinaires indispensables

- Soyez très vigilante dans le respect des règles d'hygiène alimentaire concernant les légumes verts de consommés : légumes verts bio si possible, bien lavés avant consommation...
- **Attention** : si vous souffrez de constipation diminuez les quantités de **carottes** de proposées dans les recettes.
- Toujours consommer vos potages **épais** si vous souffrez de reflux gastro-œsophagiens.
- Si vous intégrez un ou des bouillons de légumes déshydratés dans vos plats, évitez de saler ce plat.
- **Limitez** l'utilisation des matières grasses autant que possible.
- Les œufs seront toujours **extra frais** et d'une apparence extérieure et intérieure sans défaut ni odeur suspecte.
- Remplacer idéalement la farine de blé bluté par de la farine de blé **complet**.
- Si des produits laitiers sont utilisés dans vos plats, privilégiez ceux qui sont **allégés en matières grasses** : lait écrémé ou demi-écrémé, fromage blanc maigre, fromage affiné allégé en matières grasses, crème fraîche allégée en matières grasses... Ils seront tous stérilisés **UHT**, ou au moins **pasteurisés**.
- **Ne pas trop saler** vos plats.
- L'incorporation de graines de sésame **pilées** et/ou de graines de lin **pilées** et/ou de levure de bière en paillettes (sans cuisson) sera très bénéfique sur le plan nutritionnel.

En respectant ces quelques conseils diététiques au sein de vos pratiques culinaires concernant ce groupe des légumes verts, vous apprendrez très rapidement à cuisiner ceux-ci d'une manière plus diététique, et donc, d'une manière plus adaptée à votre grossesse. Ainsi, il vous sera aisé, après un tout petit peu de pratique, de modifier de vous-même les recettes traditionnelles de façon à les adapter à votre grossesse.

Cet ouvrage étant à vocation diététique, aucune des recettes proposées ne sont à base de beurre ni de sucre.

Choux de Bruxelles braisés

(Susceptible de provoquer des inconforts digestifs !)

⏲ ***Temps total à prévoir*** : environ 40 minutes.

Ingrédients (pour 4 personnes) :

- 800g de choux de Bruxelles frais.
- 200g de carottes💣.
- 100g d'oignons.
- 2 cuillères à soupe d'huile d'olive extra vierge.
- Court bouillon élaboré la veille **ou** 2 cubes de bouillon de bœuf déshydraté.
- Thym, romarin et 3 feuilles de laurier sauce.
- Sel, poivre et persil.

Technique culinaire :

- Faire blanchir 5 minutes les choux de Bruxelles dans de l'eau bouillante à découvert, puis les égoutter.
- Dans une cocotte (dans le meilleur des cas en fonte), faire revenir à feu moyen les oignons coupés en dés ou en lamelles et les carottes parées et coupées en plus ou moins fines rondelles dans l'huile d'olive.
- Une fois les oignons caramélisés, ajouter les choux de Bruxelles, sel et poivre, thym, romarin et feuilles de laurier sauce.
- Mouiller à mi-hauteur des choux de Bruxelles avec le court bouillon (ou avec les deux cubes de bouillon déshydraté qui auront été au préalable dissous au fouet dans un peu d'eau chaude).
- Couvrir et laisser cuire à feu doux pendant 25 à 30 minutes.
- Dresser, persiller et bon appétit !

Roulades d'endives

Temps total à prévoir : environ 40 minutes.

Ingrédients (pour 4 personnes) :

- 8 belles endives.
- 8 belles tranches de jambon blanc dégraissé et sans couenne.
- 800ml de lait **écrémé UHT**.
- 100g de gruyère râpé **allégé* en matières grasses** (*vivement conseillé si reflux gastriques).
- 40g de farine de blé **complet**.
- Sel, poivre, persil, noix de muscade râpée.

Technique culinaire :

- Cuire les endives dans le panier de la marmite sous pression environ 15 minutes.
- Elaborer une béchamel diététique : dans le lait chaud délayer au fouet la farine de blé complet, le sel, le poivre et la noix de muscade râpée (voir la page N°50).
- Bien égoutter les endives.
- Dresser dans un plat à four les endives en les enroulant dans le jambon.
- Napper l'ensemble avec la béchamel, puis parsemer de gruyère râpé et de persil.
- Mettre à gratiner au four chaud, à 200°C.
- Dresser et bon appétit !

Alternativement : vous pouvez remplacer les endives par des blancs de poireaux.

Carottes Vichy

(A éviter si constipation)

Temps total à prévoir : environ 35 minutes.

Ingrédients (pour 4 personnes) :

- 1,2 Kg de carottes.
- 800ml d'eau de Vichy.
- 4 pierres de sucre (20g).
- Persil et poivre.

Technique culinaire :

- Laver et parer les carottes puis les tailler en rondelles.
- Faire dorer dans une marmite en fonte chaude, à feu moyen, les carottes en rondelles et le sucre.
- Mouiller à l'aide de l'eau de Vichy (le gaz carbonique de cette eau va disparaître à la cuisson).
- Cuire à couvert.
- Ne pas saler car l'eau de Vichy est déjà riche en sodium ! Mais poivrer est possible.
- Dresser et décorer avec le persil haché.

Alternativement *:* l'eau de Vichy peut être remplacée par une eau plate, par exemple celle du robinet. Et dans ce cas, vous pouvez saler.

Purée Crécy

(A éviter si constipation)

🕐 ***Temps total à prévoir*** : environ 45 minutes.

Ingrédients (pour 4 personnes) :

- 600g de carottes💣.
- 600g de pommes de terre.
- 500ml de lait **demi-écrémé UHT**.
- 2 cuillères à soupe de graines de sésame **pilées**.
- Sel, poivre, noix de muscade râpée.

Technique culinaire :

- Cuire les pommes de terre et les carottes dans de l'eau salée.
- Passer les légumes cuits au moulin à légumes.
- Incorporer à la purée les graines de sésame pilées ainsi que le lait chaud enrichi de noix de muscade râpée et de poivre.
- Dresser et bon appétit !

Potage velouté

🕒 ***Temps total à prévoir*** : environ 45 minutes.

Ingrédients (pour 4 personnes) :

- 1 ou des légumes verts au choix : laitue, cresson, champignons de Paris, carottes... (💣Attention aux carottes si constipation).
- 1 litre d'eau.
- 200ml de lait **demi-écrémé UHT**.
- 20g de farine de blé **complet**.
- Sel et poivre.

Technique culinaire :

- Parer et laver les légumes verts.
- Cuire les légumes verts départ eau froide salée.
- Mixer les légumes verts cuits dans 500ml du liquide de cuisson.
- Conserver le reste du liquide de cuisson (bouillon de légumes pour une autre préparation à votre convenance).
- Elaborer une bouillie avec la farine de blé complet et le lait : dans le lait chaud, hors du feu, délayez au fouet la farine de blé complet versée en pluie jusqu'à épaississement de la préparation.
- Intégrer la bouillie aux légumes verts mixés, ajouter du poivre.
- Dresser et bon appétit !

Alternativement : vous pouvez remplacer la farine de blé par de la crème de riz, de la fécule de pommes de terre...

Gratin de courgettes

🕔 ***Temps total à prévoir*** : environ 50 minutes.

Ingrédients (pour 4 personnes) :

- 800g de courgettes.
- 400ml de lait **demi-écrémé UHT**.
- 60g de gruyère râpé **allégé* en matières grasses** (*vivement conseillé si reflux gastriques).
- 40g de farine de blé **complet**.
- 2 cuillères à soupe de graines de lin **pilées**.
- Sel, poivre, persil, noix de muscade râpée.

Technique culinaire :

- Parer et laver les courgettes, ne pas les éplucher.
- Les couper en rondelles.
- Les cuire à la vapeur (mais pas sous pression) jusqu'à mi-cuisson.
- Les déposer dans un plat à four après les avoir égouttées.
- Confectionner une sauce béchamel diététique (voir la page N°50), ajouter les graines de lin pilées, sel et poivre.
- Verser la béchamel diététique sur les courgettes et napper.
- Parsemer du gruyère râpé allégé* en matières grasses et de persil.
- Enfourner à four chaud à 170°C-180°C pendant 30 minutes : bon appétit !

Alternativement : les courgettes peuvent être remplacées par des blancs de poireaux, des endives, du chou-fleur...

Soufflé de carottes

(A éviter si constipation)

⏲ ***Temps total à prévoir*** : environ 1 heure.

Ingrédients (pour 4 personnes) :

- 8 œufs **extra frais**.
- 800g de carottes💣.
- 400ml de lait **demi-écrémé UHT**.
- 250g de jambon blanc dégraissé sans couenne.
- 30g de farine de blé **complet**.
- Sel, poivre, noix de muscade râpée.

Technique culinaire :

- Parer, laver, et couper les carottes en rondelles, puis les cuire à la vapeur.
- Passer les carottes cuites au moulin à purée.
- Elaborer une béchamel diététique (voir la page N°50) avec le lait et la farine de blé complet.
- Ajouter cette béchamel diététique à la purée de carottes, ainsi que le jambon blanc mixé et les jaunes d'œufs, sel, poivre et la noix de muscade râpée.
- Monter les blancs d'œufs en neige très ferme et l'incorporer à la préparation délicatement sans la casser.
- Dresser dans un plat à four pour soufflé huilé, et enfourner à four chaud 30 minutes environ à 180°C.
- Dresser et bon appétit !

Flan de légumes verts

⏱ ***Temps total à prévoir*** : environ 50 minutes.

Ingrédients (pour 4 personnes) :

- 8 œufs **extra frais**.
- 1 Kg de légumes verts au choix (💣Attention aux carottes si constipation).
- 1 litre de lait **écrémé UHT**.
- Sel, poivre et noix de muscade râpée.

Technique culinaire :

- Cuire les légumes verts à la vapeur.
- Dresser les légumes verts découpés en petits morceaux dans une terrine ou dans un plat à four.
- Avec un fouet, mélanger le lait, les œufs, le sel, le poivre et la noix de muscade râpée.
- Verser l'appareil à flan sur les légumes verts.
- Cuire au bain marie, à four chaud, pendant 35 minutes à 180°C.
- Dresser et bon appétit !

Potage crème de poireau

🕗 ***Temps total à prévoir*** : environ 40 minutes.

Ingrédients (pour 4 personnes) :

- 800ml d'eau.
- 600g de poireaux.
- 300ml de lait **demi-écrémé UHT**.
- 30g de fécule de pomme de terre.
- Sel, poivre.

Technique culinaire :

- Parer, laver et trancher les poireaux.
- Cuire les poireaux départ eau froide salée.
- Préparer une liaison type bouillie avec les ¾ du bouillon et la fécule de pommes de terre au fouet.
- Ajouter à la liaison les poireaux cuits et mixés.
- Lier ensuite au lait chauffé, hors du feu, sel et poivre.
- Dresser et bon appétit !

Alternativement *:* les poireaux peuvent être remplacés par un autre légume vert au choix : carotte, laitue, potimarron... La fécule de pomme de terre peut être remplacée par de la farine de blé **complet**.

Champignons à la grecque

⏱ ***Temps total à prévoir*** : environ 35 minutes.

Ingrédients (pour 4 personnes) :

- 800g de champignons de Paris.
- 200ml d'eau.
- 100g d'oignons.
- 10 cuillères à soupe de vin blanc sec.
- 2 cuillères à soupe d'huile d'olive extra vierge.
- 1 cuillère à soupe de vinaigre.
- Fenouil, laurier, thym, coriandre, sel et poivre.

Technique culinaire :

- Faire bouillir dans une casserole **à découvert** pendant 15 minutes environ : 200ml d'eau, le vin blanc sec (l'alcool s'évaporera pendant l'ébullition à découvert), le fenouil, le laurier et le thym.
- Passer le bouillon au chinois puis cuire les champignons de Paris dans ce bouillon à feu doux pendant 15 minutes à couvert.
- Egoutter les champignons de Paris cuits et les réserver dans un saladier.
- Faire réduire le bouillon de cuisson sur feu fort.
- Ajouter l'huile au bouillon de cuisson réduit et froid, ainsi que le vinaigre, puis l'intégrer aux champignons de Paris cuits, sel, poivre et coriandre.
- A consommer frais ou à température ambiante si reflux gastro-œsophagiens, bon appétit !

Petits pois à la paysanne

🕗 ***Temps total à prévoir*** : environ 40 minutes.

Ingrédients (pour 4 personnes) :

- 500g de petits pois frais ou surgelés.
- 250g de carottes💣.
- 100g d'oignons.
- 4 feuilles de laitue.
- 20g de farine de blé **complet**.
- 2 cuillères à soupe d'huile d'olive extra vierge.
- Thym, romarin, estragon et 3 feuilles de laurier sauce.
- Sel, poivre, persil.

Technique culinaire :

- Faire revenir dans une cocotte dans l'huile d'olive les oignons coupés en dés et les carottes parées et découpées en rondelles à feu moyen.
- Dès la caramélisation des oignons, sur feu doux, singer (saupoudrer) l'ensemble avec la farine de blé complet et faire colorer une minute en homogénéisant l'ensemble avec une spatule en bois.
- Ajouter ensuite les petits pois, la laitue, les aromates, le sel et le poivre.
- Couvrir à hauteur d'eau les légumes.
- Cuire à couvert et à feu doux pendant environ 45 minutes.
- Dresser, persiller et bon appétit !

Tarte à la rhubarbe sans sucre

🕒 ***Temps total à prévoir*** : environ 1 heure.

Ingrédients (pour 8 personnes) :

- 1 pâte feuilletée ou brisée industrielle **allégée*** **en matières grasses** (*vivement conseillé si reflux gastriques).
- Branches de rhubarbe fraiche.
- 4 œufs **extra frais**.
- 80g de farine de blé **complet**.
- 75ml de lait **demi-écrémé UHT**.
- 75ml de crème fraîche **à 15%* de matières grasses** (*vivement conseillé si reflux gastriques).
- 2 cuillères à soupe de sucralose.

Technique culinaire :

- Etaler la pâte dans un moule à tarte et piquer le fond avec une fourchette.
- Laver la rhubarbe, la couper en tronçons et en garnir la pâte à tarte.
- Mélanger dans une terrine la farine avec les 3 œufs entiers, ajouter ensuite le lait, la crème allégée et le sucralose et bien homogénéiser l'ensemble au fouet.
- Recouvrir la pâte à tarte garnie de tronçons de rhubarbe avec cet appareil à flan.
- Enfourner à four chaud à 200°C pendant 40 minutes.
- A consommer frais ou à température ambiante si reflux gastro-œsophagiens, bon appétit !

Alternativement : la rhubarbe peut être remplacée par un autre fruit de votre choix (hors agrumes si reflux gastriques).

Les produits laitiers

Les produits laitiers sont absolument indispensables pour leurs apports **en calcium**, représentant les 2/3 des besoins quotidiens recommandés en calcium, dans une alimentation équilibrée. Le calcium des produits laitiers possède une excellente assimilation intestinale par l'organisme. Ils sont absolument indispensables dans la prévention, mais également dans le traitement diététique de l'ostéoporose. Les produits laitiers sont également sources de vitamines du groupe B, de vitamines D et A, ainsi que de protéines de haute valeur biologique. Ils apportent également bon nombre de sels minéraux en plus que le calcium, cependant les produits laitiers **d'origine animale** sont **sources** de cholestérol et d'acides gras saturés en quantités non négligeables.

Concernant votre équilibre alimentaire associé à votre grossesse, un produit laitier à chaque repas principal, ainsi qu'à la collation (si consommée) et au goûter, **est absolument indispensable**. Ce conseil nutritionnel est également valable, que vous souffriez d'excès de cholestérol sanguin (dans ce cas, vous veillerez à contrôler vos apports alimentaires en fromages affinés ainsi qu'en crème fraîche notamment) et/ou de diabète pancréatique (vous veillerez alors à ce que les produits laitiers de consommés **ne soient jamais sucrés**). En cas d'intolérance au lactose, évidemment, il vous faudra consommer des laits délactosés (enrichis en fer et en calcium si possible), ou bien des laits végétaux : laits d'amande, de noisette, d'avoine, de riz, de coco, de noix de cajou, d'épeautre, de seigle, de quinoa... ainsi que les produits alimentaires qui en sont issus : yaourt de soja, fromage blanc de soja, crème fraîche sans lactose... Les produits laitiers sont **pauvres**, **voire très pauvres en fer**. Il existe cependant de nombreux laits, en vente dans le commerce, qui sont enrichis en fer : ils seront hautement privilégiés. Leurs apports en vitamine B12, eux, **sont bons à très bons**. Leurs apports alimentaires en vitamines B9 et C **sont faibles**.

A savoir : les produits laitiers sont **absolument indispensables** pour la femme enceinte et pour l'enfant en cours de développement grâce à leurs apports alimentaires en calcium **hautement assimilable**, en fer **héminique qui est bien assimilé**, en vitamine B12 (**très bonnes teneurs**), en protéines animales de **haute valeur biologique.**

Concernant les éventuels reflux gastro-œsophagiens, le calcium apporté par les produits laitiers a tendance à favoriser les reflux gastro-œsophagiens. Cependant il n'y aura aucun problème si vous favorisez les plus maigres d'entre eux (allégés en matières grasses), au mieux tous les fromages affinés seront consommés avec parcimonie, et jamais au cours du dîner.

A savoir : les laits végétaux (lait de soja, d'avoine, de quinoa, de seigle, de coco, de riz, d'amande, de noisette...) ne jouent pas le même rôle au regard des reflux gastriques que les produits laitiers classiques à base de lait de mammifère qu'ils ont tendance à moins favoriser. Ceux-ci sont tout particulièrement indiqués en cas d'intolérance au lactose. Le lait de châtaigne est le lait végétal le plus indiqué en cas de reflux gastriques.

Concernant les problèmes de constipation touchant la plupart des femmes enceintes, tous les produits laitiers **d'origine animale** seront encouragés à la consommation (**hors intolérance au lactose bien entendu**). En effet, la présence **de lactose** (sucre du lait d'origine animale) en leur sein, en fait **de bons accélérateurs de transit intestinal**. La majorité des fromages affinés n'apportent pas beaucoup, voire pas de lactose : ils seront donc moins intéressants dans le cadre du traitement diététique de la constipation.

A savoir : les fromages affinés sont sources d'acides gras saturés qui ont tendance à favoriser la constipation.

1. **Un produit laitier sera impérativement consommé à chaque repas. En effet, les produits laitiers couvrent plus des 2/3 des besoins quotidiens en calcium**. Les plus courants sont : laits de mammifère (vache, chèvre, brebis...), yaourt, yogourt, petit suisse, fromage blanc, fromage affiné, crème fraîche... ils seront sucrés ou non (pas de sucre si diabète pancréatique), avec ou sans fruit, délactosés ou non, allégés en matières grasses et/ou en sucre ou non, nature ou non...
2. Si vous êtes intolérante au lactose, vous consommerez des laits végétaux : lait de coco, lait de noisette, lait d'avoine, lait de riz, lait de seigle, lait de quinoa, lait d'épeautre... ou du lait de mammifère sans lactose. La consommation de ces laits végétaux ne sera pas préjudiciable, bien au contraire, car leur teneur en fer est **plus élevée** que la teneur en fer des produits laitiers (d'origine laitière). Pour faciliter notre collaboration nutritionnelle, **les laits végétaux seront également considérés comme des produits laitiers dans cet ouvrage**.
3. Quoi qu'il en soit, il vous sera **interdit** de consommer des produits laitiers **à base de lait cru** : tous les laits, tous les fromages affinés, la crème fraîche, le fromage blanc... **seront tous consommés au moins pasteurisés**.
4. **Quelques fromages affinés seront à éviter**, il s'agit des fromages à pâtes persillées : les bleus (roquefort, bleu d'Auvergne, saint-agur...), la croûte du camembert, celle du brie, le pont l'évêque, le crottin de Chavignol, le Mont-Dore et le maroilles et **évidemment tous les fromages au lait cru**.
5. **La croûte des fromages affinés ne sera pas consommée.**
6. L'emmental est le champion des fromages affinés pour ses apports alimentaires élevés en calcium **et** en vitamine D. Il est également riche en vitamine B12, et c'est le fromage le plus riche (en toute relativité cependant) en fer : privilégiez-le !
7. Privilégiez **tous les fromages à pâte dure** au lait pasteurisé : emmental, gruyère, comté, beaufort, parmesan, cheddar, edam...
8. Le Calin+ de « Yoplait » est très riche en calcium et en vitamine D : je vous les conseille très fortement.
9. Le café au lait sera évité si possible.
10. Le lait chaud ou froid : cela ne change rien.

11. Le lait sera consommé entier, écrémé ou demi-écrémé, cela ne change rien. Cependant, si vous souffrez d'excès de cholestérol sanguin, ne consommez pas, si possible, de lait entier, idem en cas de reflux gastro-œsophagiens.
12. Si vous consommez du lait au petit-déjeuner, attention à la consommation de chocolat en poudre, **car le cacao favorise les reflux gastro-œsophagiens**.
13. Un plat contenant du lait et/ou du fromage affiné, ou encore de la crème fraîche (allégée en matières grasses si vous souffrez d'excès de cholestérol), **sera considéré comme un apport en produit laitier à part entière**. Exemple : une quiche sera considérée comme un apport en produit laitier (présence de crème fraîche et/ou de lait dans sa composition).
14. Les besoins quotidiens en calcium pour une femme enceinte **sont majorés** par rapport aux femmes non enceintes.
15. Plus vous vous rapprochez du terme de votre grossesse, et plus les besoins en calcium sont importants chez l'enfant en cours de développement, et donc par voie de conséquence, plus ils sont également importants dans votre alimentation.
16. Selon l'OMS, le calcium alimentaire protègerait la femme enceinte des méfaits de l'hypertension artérielle.
17. Les produits laitiers **à 0% de matière grasse**, possèdent les mêmes teneurs en calcium que les mêmes produits laitiers non allégés. Cependant, leur teneur en vitamine D est réduite.
18. Plus un produit laitier est maigre et peu sucré, et moins il favorise les reflux gastro-œsophagiens.
19. Une bonne assimilation du calcium alimentaire se fait surtout grâce à de bons apports alimentaires en vitamine D. En effet, sans vitamine D, **le calcium alimentaire n'est presque pas absorbé par le tube digestif**.
20. Le calcium **et la vitamine D** sont indispensables pour le développement des os et des dents de l'enfant en cours de développement. En cas de carence(s) alimentaire(s) **en calcium et/ou en vitamine D**, le bébé puisera dans les réserves osseuses de la mère, ce qui accélèrera le processus de déminéralisation osseuse chez la femme enceinte (ostéoporose).
21. Il ne faut surtout pas négliger les apports alimentaires en vitamine D dans votre alimentation, qui est surtout apportée par l'huile de foie de morue, les sardines à l'huile et à la tomate, le hareng, le maquereau, les produits laitiers...

22. Pas de panique : trente minutes d'exposition au soleil (simplement les bras) par jour, suffit pour couvrir vos besoins quotidiens en vitamine D.
23. Même si les produits laitiers sont pauvres, voire très pauvres en fer, il s'agit tout de même de **fer héminique** (d'origine animale), qui est relativement bien assimilé par le métabolisme.
24. Les produits laitiers **à 0% de matière grasse**, possèdent approximativement les mêmes teneurs en fer et en vitamine B12, que les mêmes produits laitiers non allégés. Mêmes remarques pour les produits laitiers délactosés.
25. Privilégiez absolument les produits laitiers **enrichis** en fer, tels certains laits (c'est indiqué sur leur emballage). En effet, **le lait est naturellement pauvre en fer**.
26. Si vous consommez du lait au petit-déjeuner, et si vous souhaitez l'aromatiser de chocolat en poudre, cela ne posera aucun problème (sauf si reflux gastriques), bien au contraire, car le chocolat est naturellement riche en fer, notamment le chocolat noir. Si vous souffrez de diabète pancréatique, ne consommez que les chocolats en poudre **sans sucre**.
27. Les produits laitiers **d'origine animale**, possèdent **une très forte absorption intestinale de leur vitamine B12**, ce qui en fait des aliments très importants pour leurs apports quotidiens en cette vitamine.
28. Il est important de **ne pas abuser** du fromage affiné pendant la période de grossesse, mais de consommer plus facilement par exemple des yaourt nature non sucrés, du lait demi-écrémé pendant les goûters par exemple...
29. Le lait d'amande et le lait d'avoine peuvent être très bénéfiquement utilisés dans vos desserts, pour remplacer le lait de mammifère couramment utilisé. Par exemple, du riz au lait d'amande ou de la semoule au lait d'avoine, ou un flan pâtissier confectionné avec du lait de châtaigne...
30. Afin de lutter contre d'éventuels reflux gastro-œsophagiens, sortez vos produits laitiers du réfrigérateur environ une bonne heure avant leur consommation, pour les laisser se « réchauffer » à la température ambiante. Ne pas les consommer à la température du réfrigérateur si possible.
31. Celles qui ne consomment aucun produit laitier, devront consommer des eaux minérales **riches en calcium** telles : **Hépar** (la plus conseillée), La Talians ou Courmayeur.

32. Certains laits **végétaux** (lait d'avoine, de soja, de noisette, d'amande, d'épeautre, de seigle...) peuvent remplacer les laits de mammifère **si ces derniers sont mal tolérés** (ainsi que les fromages frais de soja, yaourt de soja...) Cependant, leur rôle au regard de votre constipation sera faible à modéré. On privilégiera dans ce cas le lait d'avoine.

33. Les laits végétaux ne possèdent pas de lactose, **mais ils apportent des fibres** ! Le **lait d'avoine** en est le plus riche de tous, favorisez donc ce lait végétal au profit des autres en cas de constipation notamment.

34. Le lait de riz et le lait de coco vous sont déconseillés (**le lait de riz est en effet un ralentisseur de transit et le lait de coco est le lait végétal le plus gras de tous**).

35. N'écoutez pas les inepties de dites sur les produits laitiers telles : ils sont dangereux car ils favorisent l'arthrose... rien n'est prouvé ! Une chose cependant est certaine : leur absence favorise l'ostéoporose et la fragilisation des dents !

36. Les yaourts, les petits suisses, le fromage blanc, la faisselle... seront **très favorablement** enrichis de fruits, de muesli ou encore de graines de lin, de graines de sésame... (attention à bien les toujours bien les piler avant de les consommer...)

37. Attention à ne pas **surconsommer** de lait de soja ou de dérivés à base de lait de soja. En effet, la surconsommation de soja n'est pas conseillée chez les femmes enceintes.

N'oubliez pas : il est dit tout et son contraire sur les produits laitiers. Certains vantent leurs effets positifs, d'autres ne jurent que par leurs effets néfastes sur votre santé... Personnellement je défends la cause des produits laitiers, et je vous conseille d'en consommer régulièrement (au mieux à chaque repas) pendant et après votre grossesse. Car une chose au moins est prouvée : l'insuffisance de calcium alimentaire (notamment celui d'origine laitière), **favorise très fortement l'ostéoporose** (processus osseux dégénératif **accéléré** notamment lors d'une insuffisance d'apport alimentaire en calcium pendant la grossesse).

Composition nutritionnelle de quelques produits laitiers

Légende : trois étoiles ★★★ signifient « **A privilégier : apports très importants** ». Deux étoiles ★★ signifient « **apports élevés** ». Une étoile ★ signifie « **apports faibles** ». « 💣 » signifie : « vigilance accrue : risques sanitaires et/ou de reflux gastriques ». « + » signifie le plus riche. « - » signifie le moins riche.

Produits laitiers.	**Apports en calcium.** (Ordonnés du plus riche + vers le plus pauvre apport -).	**Apports en fer.** (Non ordonnés).	**Apports en vitamine B12** (Non ordonnés).
Parmesan.	★★★ +	★	★★
Gruyère.	★★★	★	★★
Emmental.	★★★	★ +	★★ +
Comté.	★★★	★	**Inconnus.**
Beaufort.	★★★	★	**Inconnus.**
Mimolette.	★★★	★	★
Port-salut.	★★★	★	★★
Livarot. 💣	★★★	★	★★
Roquefort. 💣	★★★	★	★
Camembert. 💣	★★★	★	★
« Calin + » Yoplait.	★★★	**Inconnus.**	**Inconnus.**
Lait brebis.	★★★	★	★
Yaourt nature	★★★	★	★
Petit suisse.	★★★	★	**Inconnus.**
Fromage blanc.	★★★	★	★
Lait chèvre.	★★★	★	**Inconnus.**
Lait de vache.	★★★	★	★
Crème fraîche.	★★ –	★ –	★

Source : « Table de composition nutritionnelle des aliments CIQUAL » 2013. (Résultats **adaptés**, afin de vous faciliter la compréhension des données).

Conseils culinaires indispensables

- Privilégiez les produits laitiers **allégés en matières grasses** : lait écrémé ou demi-écrémé, fromage blanc maigre, fromage affiné allégé en matières grasses, crème fraîche allégée en matières grasses... Ils seront tous stérilisés **UHT**, ou au moins **pasteurisés**.
- En cas de constipation favorisez le lait d'**avoine** dans vos desserts à la place du lait, et en cas de reflux gastro-œsophagiens le mieux sera le lait de **châtaigne**. Le lait d'amande est également très intéressant pour sa grande richesse en calcium.
- Les œufs seront toujours **extra frais** et d'une apparence extérieure et intérieure sans défaut ni odeur suspecte.
- Remplacer idéalement la farine de blé bluté par de la farine de blé **complet**.
- Favorisez les **édulcorants** à la place du sucre. Souvenez-vous que 10g d'édulcorant « sucre » autant que 100g de sucre !
- L'incorporation de graines de sésame **pilées** (et/ou de graines de lin **pilées**) et/ou de levure de bière en paillettes (sans cuisson) sera très bénéfique sur le plan nutritionnel.

☝ En respectant ces quelques conseils diététiques au sein de vos pratiques culinaires concernant ce groupe des produits laitiers, vous apprendrez très rapidement à cuisiner ceux-ci d'une manière plus diététique, et donc, d'une manière plus adaptée à votre grossesse. Ainsi, il vous sera aisé, après un tout petit peu de pratique, de modifier de vous-même les recettes traditionnelles de façon à les adapter à votre grossesse.

Cet ouvrage étant à vocation diététique, aucune des recettes proposées ne sont à base de beurre ni de sucre.

Entremet aux fruits sans sucre

Temps total à prévoir : environ 35 minutes.

Ingrédients (pour 4 personnes) :

- 500g de fruit poché au choix : poire, pomme, abricot... (hors agrumes si reflux gastro-œsophagiens).
- 4 jaunes d'œufs **extra frais**.
- 500ml de lait **demi-écrémé UHT**.
- 20g de farine de blé **complet**.
- 2 cuillères à soupe de sucralose.
- Parfum : gousse de vanille.

Technique culinaire :

- Faire chauffer le lait parfumé avec la gousse de vanille jusqu'à ébullition.
- Battre les jaunes d'œufs avec le sucralose et la farine de blé complet.
- Verser le lait sur le mélange obtenu progressivement en l'incorporant au fouet.
- Remettre à feu doux pendant 5 à 10 minutes, en remuant sans cesse pour faire épaissir.
- Mixer les fruits pochés et les intégrer à la crème pâtissière obtenu à la fin de l'étape précédente.
- A consommer frais ou à température ambiante si reflux gastro-œsophagiens, bon appétit !

Alternativement : le lait demi-écrémé peut être remplacé par un lait végétal nature, au mieux par du lait de châtaigne nature si vous souffrez de reflux gastriques ou par du lait d'avoine en cas de constipation.

Gâteau de semoule aux fruits sans sucre

🕒 ***Temps total à prévoir*** : environ 50 minutes.

Ingrédients (pour 4 personnes) :

- 500g de fruit frais au choix : pomme, poire, banane… (hors agrumes si reflux gastro-œsophagiens).
- 4 œufs **extra frais**.
- 400ml de lait d'amande nature.
- 60g cru de semoule de riz.
- 2 cuillères à soupe de sucralose.

Technique culinaire :

- Cuire la semoule dans le lait d'amande chaud sans cesser de remuer.
- Edulcorer (intégrer le sucralose) à la préparation après cuisson.
- Incorporer dans cette préparation refroidie le fruit coupé en petits dés.
- Incorporer ensuite les jaunes d'œufs et les blancs battus en neige.
- Dresser dans une terrine ou dans des ramequins.
- Enfourner à four chaud : 170°C à 180°C au bain marie pendant 20 minutes.
- A consommer frais ou à température ambiante si reflux gastro-œsophagiens, bon appétit !

Alternativement : la semoule de riz peut être remplacée par de la semoule de blé complet à grains fins. Le lait d'amande peut être remplacé par du lait demi-écrémé UHT ou écrémé UHT, ou par du lait de châtaigne nature si vous souffrez de reflux gastriques ou encore par du lait d'avoine en cas de constipation.

Parfait au fromage blanc sans sucre

🕓 ***Temps total à prévoir*** : environ 20 minutes.

Ingrédients (pour 4 personnes) :

- 600g de fruit frais au choix : pomme, poire, banane... (hors agrumes si reflux gastro-œsophagiens).
- 600g de fromage blanc nature **à 0%* de matière grasse** (*vivement conseillé si reflux gastriques).
- 300ml d'eau tiède.
- 6 feuilles de gélatine.
- 2 cuillères à soupe de sucralose.
- 2 cuillères à soupe de levure de bière en paillettes.

Technique culinaire :

- Dissoudre les feuilles de gélatine dans l'eau tiède.
- Fouetter la gélatine dissoute et le fromage blanc, puis édulcorer le mélange avec le sucralose et ajouter la levure de bière en paillettes.
- Dresser dans des ramequins et réserver au réfrigérateur pendant au moins deux heures.
- Démouler.
- Décorer avec les rondelles ou morceaux de fruits choisis.
- A consommer frais ou à température ambiante si reflux gastro-œsophagiens, bon appétit !

Alternativement : possibilité de remplacer le fromage blanc par du fromage blanc de soja nature.

Mousse glacée aux fruits sans sucre

🕖 ***Temps total à prévoir*** : environ 25 minutes.

Ingrédients (pour 4 personnes) :

- 600g de fruits rouges.
- 600g de fromage blanc nature **à 0%* de matière grasse** (*vivement conseillé si reflux gastriques).
- 4 blancs d'œufs **extra frais**.
- 2 cuillères à soupe de sucralose.
- 2 cuillères à soupe de graines de lin **pilées**.

Technique culinaire :

- Mixer les fruits rouges.
- Incorporer la purée de fruits au fromage blanc.
- Ajouter le sucralose et les graines de lin pilées.
- Monter les blancs d'œufs en neige très ferme et l'incorporer.
- Réserver au moins deux heures au réfrigérateur.
- A consommer frais ou à température ambiante si reflux gastro-œsophagiens, bon appétit !

Alternativement : les fruits rouges peuvent être remplacés par d'autres fruits de votre choix (hors agrumes si reflux gastro-œsophagiens).

Crème légère aux œufs sans sucre

Temps total à prévoir : environ 50 minutes.

Ingrédients (pour 4 personnes) :

- 4 œufs entiers **extra frais**.
- 500ml de lait **demi-écrémé UHT**.
- 2 cuillères à soupe de sucralose.
- 1 gousse de vanille.

Technique culinaire :

- Chauffer le lait parfumé de la gousse de vanille.
- Mélanger au fouet les œufs et le sucralose jusqu'à l'obtention d'un mélange mousseux.
- Verser le lait un peu refroidi sur le mélange mousseux.
- Verser l'appareil dans des ramequins.
- Cuire au bain marie à four chaud à 170°C pendant 30 minutes.
- A réserver au réfrigérateur.
- A consommer frais ou à température ambiante si reflux gastro-œsophagiens, bon appétit !

Alternativement : le lait demi-écrémé peut être remplacé par un lait végétal nature, au mieux par du lait de châtaigne nature si vous souffrez de reflux gastriques ou par du lait d'avoine en cas de constipation.

Clafoutis aux pruneaux sans sucre

Temps total à prévoir : environ 1 heure.

Ingrédients (pour 4 personnes) :

- 4 gros œufs **extra frais**.
- 500ml de lait **écrémé UHT**.
- 400g de pruneaux.
- 100g de farine de blé **complet**.
- 2 cuillères à soupe de sucralose.
- Sel (une pincée).

Technique culinaire :

- Faire tremper les pruneaux dans l'eau tiède pendant 2 heures.
- Mélanger dans une terrine la farine de blé complet et le sucralose, ainsi qu'une pincée de sel.
- Incorporer au fouet les œufs entiers et le lait froid.
- Egoutter les pruneaux et les dresser dans un plat à four huilé.
- Napper les pruneaux de l'appareil obtenu.
- Enfourner à four chaud, à 180°C pendant environ 40 minutes.
- A consommer frais ou à température ambiante si reflux gastro-œsophagiens, bon appétit !

Alternativement : les pruneaux peuvent être remplacés par d'autres fruits telles des cerises par exemple. Le lait écrémé peut être remplacé par un lait végétal nature, au mieux par du lait de châtaigne nature si vous souffrez de reflux gastriques ou par du lait d'avoine en cas de constipation.

Bavarois aux framboises sans sucre

🕛 ***Temps total à prévoir*** : environ 20 minutes.

Ingrédients (pour 4 personnes) :

- 4 jaunes d'œufs **extra frais**.
- 400g de framboises surgelées.
- 400ml de lait de châtaigne nature.
- 4 feuilles de gélatine.
- 2 cuillères à soupe de sucralose.
- 2 cuillères à soupe de graines de sésame **pilées**.

Technique culinaire :

- Faire dissoudre les feuilles de gélatine dans le lait de châtaigne chaud.
- Battre les jaunes d'œufs avec le lait chaud non bouillant, puis ajouter le sucralose.
- Ajouter les framboises et les graines de sésame pilées.
- Dresser dans des ramequins et conserver au réfrigérateur pendant au moins 2 heures.
- A consommer frais ou à température ambiante si reflux gastro-œsophagiens, bon appétit !

Alternativement : le lait de châtaigne peut être remplacé par du lait écrémé UHT ou demi-écrémé UHT, et les framboises par n'importe quel autre fruit rouge de votre convenance.

Œufs extra frais au lait sans sucre

🕐 ***Temps total à prévoir*** : environ 45 minutes.

Ingrédients (pour 4 personnes)

- 4 œufs entiers **extra frais**.
- 500ml de lait **demi-écrémé UHT**.
- 2 cuillères à soupe de sucralose.
- 1 gousse de vanille.

Technique culinaire :

- Mélanger le sucralose avec le lait froid parfumé à la gousse vanille au fouet et le mettre à chauffer sans bouillir.
- Battre les œufs entiers en omelette.
- Verser sur les œufs entiers battus en omelette le lait tiède.
- Dresser dans des ramequins.
- Enfourner au bain marie (avec eau chaude) dans four chaud, à environ 160°C pendant 30 minutes.
- A consommer frais : bon appétit !

Alternativement : le lait demi-écrémé peut être remplacé par un lait végétal nature, au mieux par du lait de châtaigne nature si vous souffrez de reflux gastriques ou par du lait d'avoine en cas de constipation.

Flan au fromage blanc sans sucre

🕐 ***Temps total à prévoir*** : environ 1 heure.

Ingrédients (pour 4 personnes) *:*

- 250ml de lait **demi-écrémé UHT**.
- 250g de fromage blanc nature **UHT**.
- 3 œufs **extra frais**.
- 2 cuillères à soupe de sucralose.
- Extrait de vanille liquide.

Technique culinaire *:*

- Dans un saladier battre les œufs, le sucralose et l'extrait de vanille, puis incorporer progressivement le fromage blanc maigre suivi par le lait écrémé tout en continuant à fouetter.
- Remplir 4 ramequins.
- Placer les ramequins dans un plat à four et remplir le tiers du récipient d'eau chaude.
- Cuire au bain marie pendant 35 minutes à 180°C.
- A consommer bien frais ou à température ambiante si reflux gastro-œsophagiens : bon appétit !

Alternativement *:* le lait demi-écrémé peut être remplacé par un lait végétal, au mieux par du lait de châtaigne (notamment si vous souffrez de reflux gastro-œsophagiens), mais également par du lait de soja ou d'amande nature... Le fromage blanc peut également être remplacé par du fromage blanc de soja nature.

Flan saveur vanille sans sucre

🕐 ***Temps total à prévoir*** : environ 45 minutes.

Ingrédients (pour 4 personnes) :

- 500ml de lait **demi-écrémé**.
- 4 œufs **extra frais**.
- 2 cuillères à soupe de sucralose.
- 1 cuillère à soupe d'extrait de vanille.

Technique culinaire :

- Mettre le lait parfumé à la vanille à chauffer mais sans bouillir.
- Dans un saladier, battre les œufs entiers et le sucralose.
- Incorporer le lait chaud au mélange au fouet.
- Placer les moules dans un plat à four et remplir le tiers du récipient d'eau chaude.
- Cuire au bain marie pendant 35 minutes à 180°C.
- A consommer bien frais ou à température ambiante si reflux gastro-œsophagiens : bon appétit !

Crème au lait d'amande sans sucre

🕐 ***Temps total à prévoir*** : environ 45 minutes.

Ingrédients (pour 4 personnes) :

- 500ml de lait d'amande nature.
- 3 œufs **extra frais**.
- 2 cuillères à soupe de sucralose.
- 1 gousse de vanille.

Technique culinaire :

- Mettre le lait d'amande parfumé à la gousse de vanille à chauffer mais sans bouillir.
- Dans un saladier, battre les œufs entiers et le sucralose.
- Incorporer le lait d'amande chaud au mélange au fouet.
- Placer les moules dans un plat à four et remplir le tiers du récipient d'eau chaude.
- Cuire au bain marie pendant 30 minutes à 180°C.
- A consommer bien frais ou à température ambiante si reflux gastro-œsophagiens : bon appétit !

Alternativement : le lait d'amande peut être remplacé par un autre lait végétal ou un lait de mammifère écrémé UHT ou demi-écrémé UHT.

Petits suisses aux kakis caramélisés

🕐 ***Temps total à prévoir*** : environ 25 minutes.

Ingrédients (pour 4 personnes) :

- 8 petits suisses nature **UHT**.
- 4 kakis.
- 2 cuillères à soupe de sirop d'agave.
- 2 cuillères à soupe de sucralose.
- 2 cuillères à soupe d'eau.
- 1 cuillère à café de cannelle en poudre.

Technique culinaire :

- Eplucher et découper les kakis en petits dés.
- Faire caraméliser dans une poêle les dés de kakis dans le sirop d'agave à feu moyen en remuant sans cesse.
- Une fois les dés de kakis caramélisés, ajouter l'eau et laisser cuire à feu doux jusqu'à l'obtention d'une consistance fondante.
- Remplir des ramequins au deux tiers des petits suisses au préalable édulcorés avec le sucralose et enrichis de la cannelle en poudre.
- Déposer dessus la compote de kakis.
- A consommer bien frais ou à température ambiante si reflux gastro-œsophagiens : bon appétit !

Alternativement : les petits suisses peuvent être remplacés par du fromage blanc de soja nature, ou par du fromage blanc d'origine laitière nature.

Les fruits

Les fruits sont d'importants apports en vitamines, notamment en vitamine C. Ils sont également sources de sels minéraux, d'eau et **ils sont très riches en fibres alimentaires végétales**. Un fruit frais cru ou cuit, des fruits secs, des fruits oléagineux, est/sont indispensables à chaque repas. Les fruits peuvent être consommés sous forme de compote, secs, frais, au sirop, en jus... Les confitures de fruits ne seront pas à considérer comme des apports en fruits, mais **comme des apports en produits sucrés**. Si vous souffrez de diabète pancréatique, les fruits seront toujours consommés **en fin de repas**. Ils sont également très intéressants si vous souffrez d'hypercholestérolémie.

Concernant votre équilibre alimentaire associé à votre grossesse, un fruit cru ou cuit est indispensable à chaque repas. Les fruits peuvent être consommés sous forme de compote de fruits, secs, frais, oléagineux, au sirop... Les confitures de fruits, les gelées... ne seront pas à considérer comme des apports en fruits, mais **comme des apports en aliments sucrés**. Si vous souffrez de diabète, les fruits seront toujours consommés en fin de repas et ne seront pas consommés au sirop (même léger). Ils seront toujours bien lavés avant leur consommation crue, et la peau ne sera consommée que si celle-ci est de bel aspect, après avoir été soigneusement lavée sous l'eau claire, et si le fruit est issu de **l'agriculture biologique certifiée**. Les fruits sont d'excellents alliés de la femme enceinte de par leurs apports en fibres permettant de lutter contre la constipation (ou de la prévenir), mais également grâce à leurs **apports hétérogènes en calcium** (les fruits oléagineux telles les amandes en sont très riches), ainsi que de par leurs apports (plus ou moins modérés) en fer dont les fruits secs sont les plus riches. Les fruits sont notamment intéressants pour leurs apports en vitamine C qui joue un grand rôle dans l'absorption intestinale du fer d'origine alimentaire (entre autres), et en vitamine B9 pour certains d'entre eux. Ils sont totalement **dépourvus** de vitamine B12.

Concernant les éventuels reflux gastro-œsophagiens, aucun fruit ne posera de problème **sauf éventuellement les fruits oléagineux** (cacahuète, noix, noisette, olive, avocat...) qui peuvent chez certaines d'entre vous occasionnés des reflux gastriques, ainsi **que les agrumes** et surtout **leur jus**.

A savoir : l'ananas, les figues (sèches et fraîches), la pomme fraîche, la banane et la papaye sont les fruits les plus intéressants dans le cadre du traitement diététique des reflux gastro-œsophagiens.

Concernant les problèmes de constipation touchant la plupart des femmes enceintes, les fruits possèdent un très grand avantage : **leur grande richesse en fibres ainsi qu'en eau**, et ne possèdent aucun inconvénient. A part le coing, aucun fruit ne posera de problème. Leur importance dans le cadre du traitement diététique, mais également dans la prévention de la constipation, est identique à celle concernant les légumes verts : **elle est fondamentale** !

A savoir : le pruneau n'est pas le fruit sec le plus riche en fibres (voir le tableau de la page N°104), c'est pourtant le plus couramment conseillé dès lors que l'on souffre de constipation. C'est dû au fait que le pruneau et le jus de pruneau, possèdent également une protéine spécifique « la dihydroxyphénylisatine », qui joue un rôle naturel **d'accélérateur du transit**. (Tous les autres fruits en sont dépourvus).

1. Les fruits peuvent être consommés crus ou cuits (cuits au four, en papillote, en compote, au four micro-ondes...) Cependant, les consommer crus sera hautement préférable. En effet, la vitamine C **est détruite** par les fortes températures de la cuisson (ainsi que par son contact avec l'oxygène).
2. La femme diabétique évitera le raisin et la banane trop mûre.

3. Il est vivement conseillé de favoriser la consommation des fruits frais **crus** (**cru**dités), au profit des fruits **cuits** (**cui**dités), cependant, ne vous privez pas non plus de consommer des fruits cuits (compotes de fruits, fruits cuits au four...)

4. Si vous pelez les fruits avant leur consommation, pelez-les juste avant de les consommer, ainsi, l'oxygène de l'air n'aura pas suffisamment de temps pour détruire une trop grande quantité de la vitamine C provenant du fruit pelé.

5. N'hésitez pas à citronner vos poissons avant de les consommer : la quantité de vitamine C ainsi apportée est très importante ! **Mais attention alors aux reflux gastriques** !

6. Consommez un fruit, avant, pendant ou après chaque repas. La femme qui souffre de diabète pancréatique consommera son fruit **uniquement qu'à la fin de son repas**.

7. Si vous souffrez de reflux gastro-œsophagiens, attention aux jus de fruit (hors jus d'agrume à ne pas boire) tels les jus de pomme, de raisin... En effet, **ne pas les boire trop frais** (à la sortie du réfrigérateur par exemple), et toujours les couper pour moitié avec de l'eau (notamment le jus de raisin).

8. **Ne confondez pas** « jus de fruit 100% fruits pressés », (celui que je vous conseille de consommer), avec « les nectars de fruit », ou les « à base de concentré de jus de fruit », qui sont enrichis en sucre, et que je vous déconseille.

9. La majorité des fruits frais, à par la mûre noire, le fruit de la passion, le cassis et la groseille **ne représentent pas des sources alimentaires importantes en fer**, la majorité d'entre eux en sont même très pauvres.

10. **Aucun fruit** n'apporte de la vitamine B12.

11. Les fruits les plus intéressants de par leurs teneurs respectives en fer et en vitamine C (souvenez-vous : fer + vitamine C = combinaison gagnante), sont par ordre **décroissant d'intérêt** : cassis, fruit de la passion, groseille fraîche, kiwi frais, fraise, litchi frais, citron frais, mangue fraîche.

12. Les fruits représentent des apports alimentaires plus ou moins intéressants **en vitamine B9**, dans des quantités moindres cependant qu'au sein des légumes verts. Les dix fruits les plus riches en vitamine B9 sont (par ordre **décroissant** d'intérêt) : melon, litchi, fraise, orange, framboise, kiwi, cerise, mûre, mangue et clémentine.

13. Les jus de fruit **sont tous totalement dépourvus de fer** (et de vitamine B12).
14. Les compotes de fruits sont très pauvres en fer, et sont également très pauvres en vitamine C. Elles sont, bien entendu, totalement dépourvues de vitamine B12 (étant donné que les fruits en sont eux-mêmes totalement dépourvus).
15. Lorsque vous pelez vos fruits en avance, quelque temps avant de les consommer, par exemple, si vous confectionnez une salade de fruits, citronnez légèrement (attention aux risques de reflux gastriques) votre salade de fruits aussitôt après l'avoir confectionnée, cela empêchera les morceaux de fruits de prendre une couleur rouille, permettant par la même occasion, de conserver une bonne partie des vitamines apportées par ces fruits.
16. A part les fruits oléagineux (amande, noisette...) les fruits **ne représentent pas des apports importants en calcium**.
17. Je vous conseille vivement de consommer des amandes, des noisettes, des noix. Une poignée par jour sera très intéressante pour leurs apports très élevés en calcium, en oméga 3, en fibres... Pas de surconsommation cependant si vous souffrez de reflux gastro-œsophagiens, car celles-ci les encouragent.
18. Les fruits rouges (fraise, groseille, framboise...) jouent un rôle intéressant au regard des reflux gastro-œsophagiens en les réduisant. Les fruits rouges sont également des fruits très intéressants pour leur grande richesse en fibres.
19. Si en fin de repas, vous ressentez que la satiété n'est pas à son niveau optimal, achevez votre repas avec une banane pas trop mûre, elle jouera un excellent rôle de « calage ».
20. Consommez des fruits secs tels des pruneaux, des abricots secs, des dattes, des figues... Leur richesse en fibres en fait d'excellents alliés pour votre transit intestinal. A consommer cependant avec modération, car leurs apports en sucre sont relativement élevés. A noter que les fruits secs sont également des sources alimentaires intéressantes en fer.
21. Les compotes remplacent allègrement les fruits, mais veillez à les consommer « **sans sucre ajouté** » : c'est inscrit sur leur emballage.

22. Souvenez-vous de ce qui fut dit à propos de la richesse en fibres des légumes verts par rapport à l'hypercholestérolémie. C'est pareil pour les fruits : **leur richesse en fibres alimentaires végétales contribue à abaisser l'absorption intestinale du cholestérol alimentaire de 10 à 15%**.
23. La confiture, la gelée de fruits sont des produits sucrés, et **ne seront pas** à considérer dans la famille alimentaire des fruits. Ces aliments seront évités si possible (à cause de leurs apports très élevés en sucre).
24. La pomme reste le fruit par excellence. Elle joue un rôle « **coupe-faim** », elle est **pauvre en calories**, elle est riche en fibres alimentaires, elle est l'amie de vos intestins, et comme cela fut déjà indiqué, elle joue un rôle positif au regard des reflux gastro-œsophagiens : privilégiez-la !
25. Si vous souffrez de reflux gastro-œsophagiens, les agrumes (orange, clémentine, pamplemousse, kiwi, citron...) **ne devront pas être consommés**. Cependant, en fonction de la gravité de vos reflux, certaines d'entre vous pourront les consommer sans problème particulier (mais avec modération tout de même). Une chose cependant est certaine : la consommation de leur **jus** risquera fort de vous poser des problèmes de reflux gastriques...
26. La consommation de salades de fruits au sirop ne posera pas de problème particulier. Vous veillerez cependant à privilégier celles au sirop léger, et vous ne consommerez pas leur sirop. De plus, si vous confectionnez votre salade de fruits, **ne rajoutez pas de sucre**. Attention également à la présence éventuelle d'agrume au sein de celle-ci si reflux gastriques...
27. **Pour info**, on dénomme à tort les tomates, concombres, aubergines, haricots verts... comme des légumes verts. Il s'agit en fait de fruits... considérés comme des légumes verts.
28. Ne consommez pas de compote (ni de confiture) **de coings. Le coing est un ralentisseur du transit intestinal**.
29. Ne pas penser, comme le font certaines d'entre vous, que plus un fruit est sucré et plus il est riche en fibres ! **C'est faux** !

Composition nutritionnelle de quelques fruits

Légende : trois étoiles ★★★ signifient « **A privilégier : apports très importants** ». Deux étoiles ★★ signifient « **apports élevés** ». Une étoile ★ signifie « **apports faibles** ». « L'étoile vide ☆ signifie « **Apports très faibles à nuls** ». « 💣 » signifie : « vigilance accrue : risques de reflux gastriques ». « + » signifie le plus riche. « - » signifie le moins riche.

Fruits frais et fruits secs.	**Apports en fibres.** (Ordonnés du plus riche + vers le plus pauvre apport -).	**Apports en calcium.** (Non ordonnés).	**Apports en fer.** (Non ordonnés).
Figue **séchée**.	★★★ +	★★	★
Cassis frais.	★★★	★★	★
Groseille.	★★★	★	★
Pruneau.	★★	★	★
Abricot **sec**.	★★	★	★
Graine sésame.	★	★★★ +	★★★ +
Amande. 💣	★	★★★	★★
Noisette. 💣	★	★★★	★★
Kiwi frais. 💣	★	★	★
Poire fraîche.	★	★	★
Fraise fraîche.	★	★	★
Orange. 💣	★	★	★
Mandarine. 💣	★	★	★ -
Ananas frais.	★	★	★
Banane fraîche.	★	★ -	★
Abricot frais.	★	★	★
Litchi frais.	★ -	★	★

Source : « Table de composition nutritionnelle des aliments CIQUAL » 2013. (Résultats **adaptés**, afin de vous faciliter la compréhension des données).

Conseils culinaires indispensables

- Soyez très vigilante dans le respect des règles d'hygiène alimentaire concernant les fruits de consommés : fruits bio si possible, bien lavés avant consommation ou bien épluchés...
- Les œufs seront toujours **extra frais** et d'une apparence extérieure et intérieure sans défaut ni odeur suspecte.
- Remplacer idéalement la farine de blé bluté par de la farine de blé **complet**.
- Privilégiez les produits laitiers **allégés en matières grasses** : lait écrémé ou demi-écrémé, fromage blanc maigre, fromage affiné allégé en matières grasses, crème fraîche allégée en matières grasses... Ils seront tous stérilisés **UHT**, ou au moins **pasteurisés**.
- En cas de constipation favorisez le lait d'avoine dans vos desserts à la place du lait, et en cas de reflux gastro-œsophagiens le mieux sera le lait de châtaigne. Le lait d'amande est également très intéressant pour sa richesse en calcium.
- Favorisez les **édulcorants** à la place du sucre. Souvenez-vous que 10g d'édulcorant « sucre » autant que 100g de sucre !
- L'incorporation de graines de sésame **pilées** (et/ou de graines de lin **pilées**) et/ou de levure de bière en paillettes (sans cuisson) sera très bénéfique sur le plan nutritionnel.

En respectant ces quelques conseils diététiques au sein de vos pratiques culinaires concernant ce groupe des fruits, vous apprendrez très rapidement à cuisiner ceux-ci d'une manière plus diététique, et donc, d'une manière plus adaptée à votre grossesse. Ainsi, il vous sera aisé, après un tout petit peu de pratique, de modifier de vous-même les recettes traditionnelles de façon à les adapter à votre grossesse.

Cet ouvrage étant à vocation diététique, aucune des recettes proposées ne sont à base de beurre ni de sucre.

Poire râpée en gelée sans sucre

Temps total à prévoir : environ 15 minutes.

Ingrédients (pour 4 personnes) :

- 4 poires.
- 400ml d'eau tiède.
- 8 feuilles de gélatine.
- 2 cuillères à soupe de sucralose.
- 2 cuillères à soupe de graines de lin **pilées**.
- Jus de citron (*sauf si reflux gastriques).

Technique culinaire :

- Dissoudre les feuilles de gélatine dans l'eau tiède.
- Râper les poires lavées, puis citronner*.
- Incorporer la gélatine dissoute aux poires râpées.
- Ajouter le sucralose et les graines de lin pilées.
- Conserver au réfrigérateur pendant au moins deux heures.
- A consommer frais ou à température ambiante si reflux gastro-œsophagiens, bon appétit !

Alternativement : les poires peuvent être remplacées par des pommes.

Compote légère sans sucre

🕑 ***Temps total à prévoir*** : environ 25 minutes.

Ingrédients (pour 4 personnes) :

- 4 pommes.
- 4 blancs d'œufs **extra frais**.
- 2 cuillères à soupe de levure de bière en paillettes.
- Sucralose (non obligatoire).
- Cannelle.
- Jus de citron (*sauf si reflux gastriques).

Technique culinaire :

- Réaliser une compote avec les pommes, citronner*, puis incorporer la levure de bière en paillettes.
- Battre les blancs en neige très ferme.
- Incorporer les blancs à la compote (édulcorée au sucralose ou non, et cela à votre convenance).
- Réserver au réfrigérateur pendant au moins une heure.
- A consommer frais ou à température ambiante si reflux gastro-œsophagiens, bon appétit !

Alternativement : les pommes peuvent être remplacées par des poires, kakis, abricots...

Crème légère à la pomme sans sucre

Temps total à prévoir : environ 30 minutes.

Ingrédients (pour 4 personnes) :

- 2 pommes.
- 4 œufs **extra frais**.
- 500ml de lait **demi-écrémé UHT**.
- 20g de farine de blé **complet**.
- 2 cuillères à soupe de sucralose.

Technique culinaire :

- Fouetter les jaunes d'œufs avec le sucralose jusqu'à l'obtention d'un mélange blanchi.
- Ajouter la farine de blé complet en fouettant au mélange blanchi.
- Faire chauffer le lait mais pas jusqu'à l'ébullition.
- Mélanger le lait chaud, hors du feu, avec le fouet au mélange obtenu précédemment.
- Remettre l'ensemble à chauffer sur feu doux en remuant sans cesse, vous obtiendrez une crème pâtissière épaisse.
- Couper les pommes en petits dés et les mélanger à la crème pâtissière hors du feu.
- Dresser dans des ramequins, et entreposer au réfrigérateur pendant au moins 3 heures.
- A consommer frais ou à température ambiante si reflux gastro-œsophagiens, bon appétit !

Alternativement : le lait demi-écrémé peut être remplacé par un lait végétal nature, au mieux par du lait de châtaigne nature si vous souffrez de reflux gastriques ou par du lait d'avoine en cas de constipation.

Poire au fromage blanc sans sucre

Temps total à prévoir : environ 40 minutes.

Ingrédients (pour 4 personnes) :

- 4 poires.
- 500g de fromage blanc **à 0%* de matière grasse** (*vivement conseillé si reflux gastriques).
- 2 cuillères à soupe de chapelure.
- 2 cuillères à soupe de graines de lin **pilées**.
- 2 cuillères à soupe de sucralose.

Technique culinaire :

- Parer et laver les poires.
- Couper les poires en lamelles.
- Disposer dans des ramequins ou un plat à four les lamelles de poires, recouvrir avec un peu d'eau et napper de fromage blanc édulcoré au sucralose.
- Saupoudrer avec la chapelure et les graines de lin pilées.
- Enfourner à four chaud 30 minutes à 200°C.
- A consommer frais ou à température ambiante si reflux gastro-œsophagiens, bon appétit !

Alternativement : les poires peuvent être remplacées par des pommes, kakis, abricots, bananes...

Tarte aux pommes diététique

⏲ ***Temps total à prévoir*** : environ 1 heure.

Ingrédients (pour 8 personnes) :

- 1 pâte feuilletée ou brisée **allégée* en matières grasses** industrielle (*vivement conseillé si reflux gastriques).
- 6 belles pommes.
- Sucralose.

Technique culinaire :

- Etaler la pâte feuilletée ou brisée allégée* dans le moule à pâtisserie.
- Peler, épépiner et couper les pommes en fins quartiers et les étaler en rosace sur la pâte à tarte.
- Saupoudrer de sucralose.
- Enfourner à four chaud, à 200°C pendant 40 minutes.
- Bon appétit !

Alternativement : les pommes peuvent être remplacées par des poires, des prunes...

Fraises à la crème pâtissière allégée

Temps total à prévoir : environ 25 minutes.

Ingrédients (pour 4 personnes) :

- 500g de fraises.
- 500ml de lait d'avoine nature.
- 4 jaunes d'œufs **extra frais**.
- 30g de farine de blé **complet**.
- 2 cuillères à soupe de sucralose.
- 2 cuillères à soupe de levure de bière en paillettes.

Technique culinaire :

- Mettre le lait d'avoine à bouillir.
- Blanchir au fouet les jaunes d'œufs avec le sucralose.
- Ajouter ensuite la farine de blé complet.
- Verser le lait bouillant sur la préparation hors du feu tout en remuant au fouet, puis refaire bouillir l'ensemble sur feu doux à moyen pendant 5 minutes en remuant sans cesse au fouet.
- Laisser tiédir la crème pâtissière obtenue puis y incorporer les fraises lavées et coupées en deux ainsi que la levure de bière en paillettes.
- A consommer frais ou à température ambiante si reflux gastro-œsophagiens, bon appétit !

Alternativement : les fraises peuvent être remplacées par des framboises, groseilles... Le lait d'avoine peut être remplacé par du lait d'amande nature ou par du lait de châtaigne nature si vous souffrez de reflux gastro-œsophagiens.

Fruits secs au fromage blanc

🕛 ***Temps total à prévoir*** : environ 15 minutes.

Ingrédients (pour 4 personnes) :

- 600g de fromage blanc nature **UHT**.
- 10 pruneaux sans noyaux.
- 10 figues séchées.
- 10 abricots secs.
- 100g de noisettes émondées.
- 100g de poudre d'amande.
- 4 cuillères à soupe de sucralose.

Technique culinaire :

- Découper les fruits secs en petits dés.
- Concasser les noisettes émondées.
- Dans un saladier, mélanger le fromage blanc, les fruits secs découpés en dés, les noisettes concassées, la poudre d'amande et le sucralose.
- A conserver au réfrigérateur et à consommer bien frais ou à température ambiante si reflux gastro-œsophagiens.
- Bon appétit !

Alternativement : le fromage blanc peut être remplacé du fromage blanc de soja nature.

Velouté de fruits frais

🕐 ***Temps total à prévoir*** : environ 15 minutes.

Ingrédients (pour 4 personnes) *:*

- 2 yaourts nature.
- 2 bananes.
- 100g de groseilles.
- 100g de fraises.
- 250ml de lait **demi-écrémé UHT** nature.
- 1 glaçon.

Technique culinaire *:*

- Dans un mixeur ajouter les yaourts nature, les bananes, les groseilles, les fraises, le lait demi-écrémé et le glaçon.
- Mixer et remplir 4 grands verres.
- A consommer bien frais ou à température ambiante si reflux gastro-œsophagiens : bon appétit !

Alternativement *:* le lait demi-écrémé peut être remplacé par un lait végétal de votre choix (au mieux du lait de châtaigne si reflux gastriques ou par du lait d'avoine si constipation).

Gâteau aux noix

🕐 ***Temps total à prévoir*** : environ 50 minutes.

Ingrédients (pour 8 personnes) :

- 150g de cerneaux de noix.
- 2 œufs **extra frais**.
- 200ml de crème fraîche **à 15% de matières grasses UHT**.
- 100g de farine de blé **complet**.
- 4 cuillères à soupe de sucralose.
- 1 sachet de levure chimique.
- 1 pincée de sel.

Technique culinaire :

- Mélanger la farine de blé complet avec la levure chimique.
- Dans un saladier, mélanger les œufs, la crème fraîche allégée et le sucralose. Puis ajouter le mélange de farine et de levure chimique.
- Ajouter les noix émondées et concassées, puis mélanger le tout.
- Verser dans un moule à manquer, puis enfourner 45 minutes à 180°C.
- Bon appétit !

Compote de fruits rouges laitière

Temps total à prévoir : environ 20 minutes.

Ingrédients (pour 4 personnes) :

- 500ml de lait **demi-écrémé UHT**.
- 300g de compote de fruits rouges sans sucre ajouté.
- 2 jaunes d'œufs **extra frais**.
- 2 cuillères à soupe de sucralose.
- 1 cuillère à café d'agar agar.
- Jus de citron.

Technique culinaire :

- Mélanger le sucralose et l'agar agar et ajouter les jaunes d'œufs et le lait tout en fouettant l'ensemble.
- Porter le mélange obtenu à ébullition dans une casserole sans cesser de remuer.
- Verser ensuite le mélange bouillant dans 4 ramequins pour leurs deux tiers, et laisser refroidir.
- Une fois refroidi, finir de remplir les ramequins par la compote de fruits rouges sans sucre ajouté.
- A consommer bien frais ou à température ambiante si reflux gastro-œsophagiens : bon appétit !

Alternativement : le lait demi-écrémé peut être remplacé par un lait végétal de votre choix (au mieux du lait de châtaigne si reflux gastriques ou par du lait d'avoine si constipation). La compote de fruits rouges peut être remplacée par n'importe quelle autre compote de fruits sans sucre ajouté de votre choix.

Papillote de banane

(Susceptible de provoquer des inconforts digestifs !)

🕛 ***Temps total à prévoir*** : environ 35 minutes.

Ingrédients (pour 4 personnes) :

- 4 bananes.
- 2 oranges (*sauf si reflux gastriques).
- Jus de citron (*sauf si reflux gastriques).
- Cannelle moulue.

Technique culinaire :

- Laver les oranges* et récupérer leurs zestes.
- Ebouillanter les zestes environ 5 minutes.
- Presser les oranges* et récupérer leur jus.
- Rajouter un peu de jus de citron* au jus d'orange*.
- Dresser les bananes coupées en rondelles dans des ramequins et verser-y le jus d'orange* accompagné des zestes sur le dessus.
- Saupoudrer le tout de cannelle, et recouvrir les ramequins de papier aluminium.
- Enfourner à four chaud, 210-220°C pendant 20 minutes.
- Bon appétit !

Trois semaines de menus proposés

Je vous propose pour clore cet ouvrage trois semaines de menus équilibrés et tous adaptés à votre régime alimentaire imposé par votre grossesse, **avec présence** de **reflux gastro-œsophagiens et constipation** à prévenir ou à traiter.

Les sept premiers jours de menus dénommés : **☙ JOUR N°1 ❧** à **☙ JOUR N°7 ❧ ne sont pas tous adaptés** sur le plan nutritionnel, à un excès de cholestérol ou à un diabète pancréatique.

Les sept jours de menus suivants dénommés : **☙ JOUR N°8 ❧** à **☙ JOUR N°15 ❧** sont tous adaptés sur le plan nutritionnel, **également à un excès de cholestérol sanguin**, mais ne **sont pas tous adaptés** à un diabète pancréatique.

Les sept derniers jours de menus dénommés : **☙ JOUR N°16 ❧** à **☙ JOUR N°21 ❧** sont tous adaptés sur le plan nutritionnel, **également à un diabète pancréatique**, mais **ne sont pas tous adaptés** à un excès de cholestérol sanguin.

Je n'ai pas inclus de menus adaptés à l'intolérance au lactose. Il vous appartiendra, dans ce cas, d'adapter les menus vous-même.

Légende : «💣» signifie déconseillé si reflux gastro-œsophagiens, dans ce cas remplacez l'aliment par un autre de la même famille alimentaire. **MG** = matière grasse. **T°**= température. **RGO** = reflux gastro-œsophagiens. « **Sans sucre** » signifie que le plat peut être édulcoré ou non. **Vinaigrette allégée** = revoir la page N°16.

Les recettes en ****italique et en gras*** sont des recettes qui vous sont présentées au sein de l'ouvrage.

ꕤ *Jour N°1* ꕤ

Petit-déjeuner

- Lait de vache demi-écrémé **UHT** nature.
- Pain **complet**.
- St. Hubert oméga 3 sans huile de palme.
- Un verre de jus de pomme 100% pur jus coupé pour moitié avec de l'eau (si **RGO***), **à T°* ambiante**.

Déjeuner

- Rôti de Veau.
- ***Purée Crécy****.
- Un yaourt aux fruits **à 0% MG*** édulcoré **à T°* ambiante**.
- Riz au lait de riz accompagné de raisins secs **à T°* ambiante**.

Goûter

- Deux biscuits secs riches en céréales **complètes**.
- Un yaourt « Calin + » édulcoré **à T°* ambiante**.
- Banane.

Dîner

- ***Œufs extra frais cocottes au jambon****.
- Bouquets de chou brocoli cuit à la vapeur, sel, poivre.
- Crème de soja « cuisine légère », accompagnée d'une pointe de paprika, aneth, persil, sel, poivre.
- Une salade de fruits au naturel (💣 si agrume) **à T°* ambiante**.

ꕥ Jour N°2 ꕥ

Petit-déjeuner

- Décaféiné ou café **léger** édulcoré ou nature.
- Semoule au lait de chèvre demi-écrémé **UHT** accompagnée de pruneaux **à T°* ambiante**.

Déjeuner

- Betterave crue râpée ***sauce vinaigrette allégée**** (si **RGO***), sel, poivre, persil, dressée **à T°* ambiante**.
- ***Gâteau de pâtes complètes****.
- Pain **complet**.
- Nectarine.

Goûter

- Un verre de lait de vache écrémé **UHT** nature.
- Pain **complet**.
- Une pomme cuite au four **à T°* ambiante**.

Dîner

- Potage **très épais** (si **RGO***).
- Rôti de porc froid accompagné de pommes cuites.
- Pain **aux céréales**.
- Un yaourt « Calin + » de Yoplait **à T°* ambiante** accompagné d'une cuillère à café de graines de sésame **pilées**.

ꙮ Jour N°3 ꙮ

Petit-déjeuner

- Tisane nature édulcorée ou non.
- Deux galettes nature.
- Un yaourt aux fruits **à T°* ambiante**
accompagné d'une cuillère à café de graines de lin **pilées**.
- Une salade de fruits au naturel (💣 si agrume) **à T°* ambiante**.

Déjeuner

- Carottes râpées ***sauce vinaigrette allégée**** (si **RGO***),
dressées **à T°* ambiante**.
- Une côte de porc grillée, persil, sel, poivre.
- ***Gnocchis à la romaine****.
- Figues fraîches.

Goûter

- Pain **complet** avec beurre doux.
- Compote de pomme sans sucre ajouté **à T°* ambiante**.
- Lait de châtaigne nature.

Dîner

- Poisson pané **cuit au four**, sel, poivre.
- Chou-fleur cuit à la vapeur
*accompagné d'une **béchamel diététique****, persil, sel, poivre.*
- ***Semoule aux fruits meringués sans sucre****
consommée **à T°* ambiante**.

Jour N°4

Petit-déjeuner

- Ricoré édulcorée ou nature.
- Pain **complet** frais grillé (grillé soi-même).
- Un yaourt de soja nature **à T°* ambiante** accompagné de morceaux de pomme.

Déjeuner

- Potage velouté de laitue **épais** (si **RGO***).
- Blanc de dinde grillé, sel, poivre.
- Purée de pommes de terre.
- Deux petits suisses **à T°* ambiante**.
- Poire.

Goûter

- Fromage blanc de soja accompagné de mûres fraîches, de muesli bio sans sucre, une cuillère à café de graines de lin **<u>pilées</u>** et consommé **à T°* ambiante**.

Dîner

- Maquereau au vin blanc.
- ***Soufflé de carottes****.
- Pain **aux céréales**.
- Une crème dessert arôme vanille light **à T°* ambiante**.
- Abricots.

Jour N°5

Petit-déjeuner

- Tilleul édulcoré ou nature.
- Pain **complet**.
- Gruyère (**pas de lait cru**).
- Une compote de pomme sans sucre ajouté **à T°* ambiante**.

Déjeuner

- Chou blanc râpé ***sauce vinaigrette allégée**** (si **RGO***), dressé **à T°* ambiante**.
- Côtes d'agneau grillées.
- Flageolets.
- Deux petits suisses **à T°* ambiante**, accompagnés d'une cuillère à café de graines de sésame **pilées**.
- Une poire cuite au four **à T°* ambiante**.

Goûter

- Une petite part de ***clafoutis aux prunes**** consommée **à T°* ambiante**.

Dîner

- ***Flan de légumes verts****.
- Pain **complet**.
- Un verre de lait d'avoine nature.
- Ananas 💣.

ꕥ *Jour N°6* ꕥ

Petit-déjeuner

- Lait de vache demi-écrémé **UHT** nature.
- Pain **complet** grillé (soi-même) et beurre doux.
- Compote de poire sans sucre ajouté **à T°* ambiante**.

Déjeuner

- Salade de pâtes **complètes** avec poivron vert●*, épinards crus, dés de jambon blanc maigre, pousses de soja, ***sauce vinaigrette allégée**** (si **RGO***), une cuillère à café de graines de lin **pilées**, sel, poivre, persil consommée **à T°* ambiante**.
- ***Riz impératrice aux fruits**** **à T°* ambiante**.

Goûter

- ***Entremet aux fruits sans sucre**** **à T°* ambiante**.
- Biscuits diététiques riche en céréales **complètes**.

Dîner

- Une assiette de potage **très épais** (si **RGO***).
- Omelette (avec des œufs **extra frais**).
- Quinoa au curry.
- Pain **complet**.
- Une crème dessert light **à T°* ambiante**.
- Pruneaux.

Jour N°7

Petit-déjeuner

- Une tasse de thé vert édulcoré ou nature.
- Flocons d'avoine avec du lait d'amande nature.
- Un kiwi*.

Déjeuner

- Salade de pommes de terre ***sauce vinaigrette allégée****
(si **RGO***), dressée à **T°* ambiante**.
- Côte de porc grillée, herbes de Provence, sel, poivre.
- ***Carottes Vichy****.
- Pain **complet**.
- Une crème dessert light **à T°* ambiante**.
- Kaki.

Goûter

- ***Gâteau de semoule aux fruits secs sans sucre****
à T°* ambiante.

Dîner

- Une ***dorade cuite en papillote****
accompagnée de petits légumes verts au choix.
- Fromage blanc **à T°* ambiante**,
accompagné d'une cuillère à café de graines de sésame **pilées**.
- Pain **aux graines**.
- ***Une papillote de banane****.

ꕤ *Jour N°8* ꕤ

(Menu adapté à l'excès de cholestérol sanguin)

Petit-déjeuner

- Tisane édulcorée ou nature.
- Pain **aux graines**.
- Camembert **au lait pasteurisé sans la croûte**.
- Banane.

Déjeuner

- Chou vert râpé ***sauce vinaigrette allégée**** (si **RGO***), accompagné d'une cuillère à café de graines de sésame **pilées**, et dressée **à T°* ambiante**.
- Thon rouge* cuit à la vapeur.
- Pommes de terre cuites à l'eau.
- Pain **multicéréale**.
- Riz au lait **UHT à T°* ambiante**.
- Orange*.

Goûter

- Semoule au lait d'amande **à T°* ambiante**.
- Ananas.

Dîner

- ***Salade maritime**** dressée **à T°* ambiante**.
- Pain **complet**.
- Un yaourt de soja **à T°* ambiante**, accompagné d'une cuillère à café de graines de lin **pilées**.
- Pomme.

ꟹ Jour N°9 ꟹ

(Menu adapté à l'excès de cholestérol sanguin)

Petit-déjeuner

- Décaféiné édulcoré ou nature.
- 4 biscuits pour petit-déjeuner riches en céréales **complètes**.
- ***Œuf extra frais au lait sans sucre**** **à T°* ambiante**.
- Pruneaux.

Déjeuner

- Salade de coquillettes **complètes** ***sauce vinaigrette allégée**** (si **RGO***).
- Rôti de biche.
- Fonds d'artichauts à la sauce Mornay.
- Noix💣 et noisettes💣.

Goûter

- Une part de ***tarte aux pommes diététique* à T°* ambiante**.
- Un verre de lait de vache demi-écrémé nature **UHT**.

Dîner

- Potage **très épais** (si **RGO***).
- Deux œufs **extra frais** durs.
- Pain aux quatre céréales.
- Fromage blanc **à T°* ambiante**.
- Pêche.

ꕥ Jour N°10 ꕥ

(Menu adapté à l'excès de cholestérol sanguin)

Petit-déjeuner

- Café **léger** édulcoré ou nature.
- Un verre de lait de vache **écrémé UHT à T°* ambiante**.
- Pain **complet** avec st. Hubert oméga 3 sans huile de palme.
- Une compote de fruits rouges sans sucre ajouté **à T°* ambiante**.

Déjeuner

- Taboulé.
- Echine de porc grillée, sel, poivre.
- Crosnes du japon cuits à la vapeur.
- Pain **aux graines**.
- ***Fraises à la crème pâtissière sans sucre****.

Goûter

- Une part de ***tarte à la rhubarbe sans sucre**** **à T°* ambiante**.
- Un verre de lait de chèvre demi-écrémé **UHT** nature.

Dîner

- Velouté de carotte très épais (si **RGO***).
- Sardines grillées💣*.
- Un yaourt nature à **T°* ambiante**.
- Une salade de fruits au naturel (💣* si agrume) **à T°* ambiante**.

ꓤ Jour N°11 ꓤ

(Menu adapté à l'excès de cholestérol sanguin)

Petit-déjeuner

- Lait de chèvre demi-écrémé **UHT** nature.
- Pain **complet** grillé soi-même.
- St. Hubert oméga 3 sans huile de palme.
- Pomme.

Déjeuner

- Un artichaut.
- Poisson pané **cuit au four**.
- ***Purée de pois cassés****.
- Saint nectaire sans sa croûte.
- Pain **complet**.
- Framboises.

Goûter

- Deux crêpes **complètes** fourrées aux fraises.
- Un yaourt nature **à 0% MG*** édulcoré **à T°* ambiante**.

Dîner

- Brandade de morue.
- Laitue ***sauce vinaigrette allégée**** (si **RGO***), une cuillère à café de graines de sésame **pilées**.
- ***Crème légère à la poire sans sucre**** **à T°* ambiante**.

ꕤ Jour N°12 ꕤ

(Menu adapté à l'excès de cholestérol sanguin)

Petit-déjeuner

- Flocons d'avoine bio sans sucre
avec du lait de vache demi-écrémé **UHT**.
- Orange sanguine*.

Déjeuner

- Canard rôti.
- ***Petits pois à la paysanne***".
- Riz **complet** cuit à la créole.
- Comté (**pas au lait cru**).
- Pain **multicéréale**.
- Melon.

Goûter

- ***Clafoutis aux cerises sans sucre**** **à T°* ambiante**.

Dîner

- Salade de pommes de terre aux lardons nature dégraissés
sauce vinaigrette allégée* (si **RGO***).
- Omelette (avec des œufs **extra frais**).
- Purée de chou brocoli.
- Pain **aux quatre céréales**.
- Kaki.

ꙮ Jour N°13 ꙮ

(Menu adapté à l'excès de cholestérol sanguin)

Petit-déjeuner

- Ricoré édulcorée ou nature.
- Semoule au lait de vache demi-écrémé **UHT sans sucre***.
- Une salade de fruits au naturel (💣 si agrume) **à T°* ambiante**.

Déjeuner

- Céleri-rave râpé sauce rémoulade💣 **à T°* ambiante**,
une cuillère à café de graines de lin **pilées**, persil, sel, poivre.
- Jambon braisé grillé.
- ***Lentilles au naturel****.
- Un verre de lait d'avoine nature **à T°* ambiante**.
- Ananas💣.

Goûter

- Pain **aux céréales** grillé soi-même.
- Un yaourt **à T°* ambiante**.
- Une compote de poire sans sucre ajouté **à T°* ambiante**.

Dîner

- Côte de porc grillée, sel, poivre, persil.
- Fagots de haricots verts cuits à la vapeur.
- Polenta.
- Pain **aux céréales**.
- Deux petits suisses **à T°* ambiante**.
- ***Une mousse de citron****💣 **à T°* ambiante**.

ꕤ Jour N°14 ꕤ

(Menu adapté à l'excès de cholestérol sanguin)

Petit-déjeuner

- ***Crème aux œufs sans sucre**** **à T°* ambiante**.
- Quatre biscuits secs riches en céréales **complètes**.
- Un jus de pomme coupé pour moitié avec de l'eau (si **RGO***).

Déjeuner

- Cailles braisées.
- Petits pois et carottes.
- Purée de pommes de terre.
- Pain **multicéréale**.
- Mimolette (**pas au lait cru**).
- Une pomme au four **à T°* ambiante**.

Goûter

- Deux crêpes **complètes** fourrées à la compote de pomme sans sucre ajouté **à T°* ambiante**.
- Un yaourt de soja **à T°* ambiante**.

Dîner

- Velouté de champignons **très épais** (si **RGO***).
- ***Roulades d'endives****.
- Pain **aux graines**.
- ***Semoule au lait d'amande sans sucre**** **à T°* ambiante**.
- Dattes séchées.

ꕥ *Jour N°15* ꕥ

(Menu adapté à l'excès de cholestérol sanguin)

Petit-déjeuner

- Une tasse de tisane édulcoré ou nature.
- Muesli bio sans sucre avec du lait de chèvre demi-écrémé **UHT**.
- Cocktail de fruits rouges sans sucre ajouté **à T°* ambiante**.

Déjeuner

- Boudin noir grillé.
- ***Choux de Bruxelles*** 💣* ***braisés****.
- Frites surgelées au four.
- Deux petits suisses **à T°* ambiante**,
accompagnés d'une cuillère à café de graines de sésame **<u>pilées</u>**.
- Une poire au four **à T°* ambiante**.

Goûter

- Deux chocos à la farine de blé **complet**.
- Un verre de lait de vache demi-écrémé nature **UHT**.
- Abricots secs.

Dîner

- Tajine (avec quelques fruits secs).
- Semoule de blé **complet** gros grains.
- Pain **complet**.
- Un yaourt nature **à T°* ambiante**.
accompagné d'une cuillère à café de graines de lin **<u>pilées</u>**.

ꕤ *Jour N°16* ꕤ

(Menu adapté aux diabètes pancréatiques)

Petit-déjeuner

- Lait de chèvre demi-écrémé **UHT** nature.
- Pain **aux céréales** grillé soi-même.
- St. Hubert oméga 3 sans huile de palme.
- Une salade de fruits au naturel (💣 si agrume) **à T°* ambiante**.

Déjeuner

- Rôti de bœuf.
- ***Purée Crécy****.
- ***Riz au lait d'avoine sans sucre**** **à T°* ambiante**.
- Figues fraîches.

Goûter

- Deux biscuits secs riches en **céréales complètes**.
- Un yaourt « Calin + » **à T°* ambiante**.
- Goyave.

Dîner

- ***Flan de légumes verts****.
- Pain **aux céréales**.
- Mousse au café **à T°* ambiante**.
- Une poire et une pomme.

ꟿ Jour N°17 ꟿ

(Menu adapté aux diabètes pancréatiques)

Petit-déjeuner

- Lait de vache écrémé **UHT** édulcoré.
- Une galette de sarrasin nature.
- St. Hubert oméga 3 sans huile de palme.
- Une compote de pomme sans sucre ajouté **à T°* ambiante**.

Déjeuner

- Potage de légumes verts **épais** (si **RGO***).
- Braisé de cuisses de dinde.
- Quinoa à la sauce tomate💣.
- Pain **multicéréale**.
- Fromage de chèvre au lait **pasteurisé** sans la croûte.
- Une banane **pas trop mûre**.

Goûter

- Deux biscuits secs riches en **céréales complètes**.
- Un verre de lait d'amande nature **à T°* ambiante**.
- Deux clémentines💣.

Dîner

- Ha cuit au court bouillon.
- Choux de Bruxelles cuits à la vapeur, sel, poivre.
- Crème de soja « cuisine légère », sel et poivre.
- Abricots.

ꕥ Jour N°18 ꕥ

(Menu adapté aux diabètes pancréatiques)

Petit-déjeuner

- Lait de soja nature.
- Biscottes **complètes** (non idéales sur le plan nutritionnel).
- Un jus de pomme coupé avec de l'eau (si **RGO***).

Déjeuner

- Salade de haricots beurre froids,
accompagnée d'une ***sauce vinaigrette allégée**** (si **RGO***).
- Une côte de veau grillée, sel, poivre, persil.
- ***Soissons*** 💣* ***à la crème fraîche allégée****.
- Beaufort au lait **pasteurisé**.
- Brugnon.

Goûter

- Deux biscuits diététiques riches en **céréales complètes**.
- Deux petits suisses nature **à T°* ambiante**,
accompagnés d'une cuillère à café de graines de lin **pilées**.
- Une compote de poire sans sucre ajouté **à T°* ambiante**.

Dîner

- Filet de truite💣* aux amandes💣* grillées en papillote.
- Petits pois et carottes jeunes.
- Un verre de lait de châtaigne nature **à T°* ambiante**.
- Pêche.

ꕤ Jour N°19 ꕤ

(Menu adapté aux diabètes pancréatiques)

Petit-déjeuner

- Lait de brebis demi-écrémé **UHT** nature.
- Quatre biscuits pour petit-déjeuner riches en **céréales complètes**.
- Banane **pas trop mûre**.

Déjeuner

- Steak de cheval grillé, persil, sel, poivre.
- Pommes dauphines surgelées **cuites au four**.
- Un pavé de légumes verts surgelés cuit au four micro-ondes.
- Un yaourt aux fruits **à T°* ambiante**.

Goûter

- Deux crêpes **complètes** nature.
- Un verre de lait de vache demi-écrémé **UHT à T°* ambiante**.
- Kiwi💣.

Dîner

- Betterave accompagnée d'une ***sauce vinaigrette allégée**** (si **RGO***) et dressée **à T°* ambiante**.
- Boudin blanc grillé accompagné de sa compote de pomme.
- Fromage blanc de soja **à T°* ambiante**, accompagné d'une cuillère à café de graines de sésame **pilées**.

Jour N°20

(Menu adapté aux diabètes pancréatiques)

Petit-déjeuner

- Ricoré édulcorée ou nature tiède.
- Pain **complet** grillé soi-même.
- Beurre doux.
- Deux petits suisses **à T°* ambiante**, accompagnés de groseilles fraîches.

Déjeuner

- Salade de carotte râpée et de radis noir râpé accompagnée ***sauce vinaigrette allégée**** (si **RGO***).
- ***Saumon**** ***cuit en papillote****.
- ***Riz complet en pilaf****.
- ***Œufs extra frais au lait sans sucre**** **à T°* ambiante**.
- Nectarine.

Goûter

- Un yaourt aux fruits **à T°* ambiante**, accompagné de muesli bio sans sucre et d'une cuillère à café de graines de sésame **pilées**.

Dîner

- Hareng* frais cuit au four, aneth, vin blanc sec, sel, poivre.
- Purée de fèves et pommes de terre, crème fraîche **à 15% MG***, lait écrémé **UHT**, sel, poivre.
- Un yaourt nature **à T°* ambiante**.
- Pomme.

ꕤ *Jour N°21* ꕤ

(Menu adapté aux diabètes pancréatiques)

Petit-déjeuner

- Tisane nature ou édulcorée.
- Pain **complet** et beurre doux.
- ***Mousse glacée aux fruits sans sucre**** **à T°* ambiante**.

Déjeuner

- Pommes de terre coupées en dés, ***sauce vinaigrette allégée**** (si **RGO***).
- Poulet rôti.
- Haricots verts cuits à la vapeur.
- Une crème dessert **à T°* ambiante**.
- Prunes.

Goûter

- Décaféiné nature ou édulcoré.
- ***Gâteau de semoule aux noix sans sucre**** **à T°* ambiante**.

Dîner

- Deux œufs **extra frais** durs.
- Julienne de légumes verts surgelés revenue dans un peu d'huile d'olive extra vierge, persil, sel et poivre.
- Un yaourt **aux fruits à T°* ambiante**.
- Framboises.

Parus chez B.O.D du même auteur

« Quelle alimentation pour les coliques néphrétiques uriques ? »
« Quelle alimentation pour les coliques néphrétiques calciques ? »
« Quelle alimentation pour le diabète ? »
« Quelle alimentation pour la goutte ? »
« Quelle alimentation pour la constipation ? »
« Quelle alimentation pour la diarrhée ? »
« Quelle alimentation pour l'hypothyroïdie ? »
« Quelle alimentation pour les reflux gastro-œsophagiens ? »
« Quelle alimentation pour l'hémochromatose ? »
« Quelle alimentation pour l'anémie ? »
« Quelle alimentation pour l'excès de cholestérol ? »
« Quelle alimentation pour l'insuffisance cardiaque ? »
« Quelle alimentation après un infarctus du myocarde ? »
« Quelle alimentation pour l'angine de poitrine ? »
« Quelle alimentation pour la gastrite ? »
« Quelle alimentation pour moi ? »
« Quelle alimentation pour les inconforts digestifs ? »
« Quelle alimentation pour la maladie de Crohn ? »
« Quelle alimentation pour la rectocolite hémorragique ? »
« Quelle alimentation en cas de diverticules coliques ? »
« Quelle alimentation pour l'ostéoporose ? »
« Quelle alimentation pour la maigreur ? »
« Quelle alimentation avec la cortisone ? »
« Quelle alimentation pour la femme allaitante ? »
« Quelle alimentation pour la femme enceinte ? »
« Quelle alimentation après 65 ans ? »
« Quelle alimentation pour les enfants et les ados ? »
« Quelle alimentation pour le sportif amateur ? »
« Le régime alimentaire sans sel. »
« Le régime alimentaire sans gluten. »
« Le régime alimentaire sans lactose. »
« Apprenez à manger & maigrissez ! »

« Recettes et menus pour perdre du poids »
« Recettes et menus pour la maigreur »
« Recettes et menus pour le diabète »
« Recettes et menus pour les reflux gastro-œsophagiens »
« Recettes et menus pour l'hypothyroïdie »
« Recettes et menus pour la goutte »
« Recettes et menus pour l'hémochromatose »
« Recettes et menus pour l'ostéoporose »
« Recettes et menus pour les diverticules coliques »
« Recettes et menus pour la gastrite »
« Recettes et menus pour la femme enceinte »
« Recettes et menus pour la femme allaitante »
« Recettes et menus pour les inconforts digestifs »
« Recettes et menus pour la rectocolite hémorragique »
« Recettes et menus pour la maladie de Crohn »
« Recettes et menus pour la constipation »
« Recettes et menus pour la diarrhée »
« Recettes et menus pour l'anémie »
« Recettes et menus pour l'insuffisance cardiaque »
« Recettes et menus après un infarctus du myocarde »
« Recettes et menus pour l'angine de poitrine »
« Recettes et menus pour l'excès de cholestérol »
« Recettes et menus pour les coliques néphrétiques uriques »
« Recettes et menus pour les coliques néphrétiques calciques »
« Recettes et menus pour la cortisone »
« Recettes et menus sans gluten »
« Recettes et menus sans sel »
« Recettes et menus sans lactose »

Lightning Source UK Ltd.
Milton Keynes UK
UKHW020851140520
363214UK00006B/752

9 782322 119639